私と西洋史研究
歴史家の役割

The Role of a Historian:
Retrospection of My Studies on European History

川北 稔
Minoru Kawakita
［著］

玉木俊明
Toshiaki Tamaki
［聞き手］

創元社

はじめに

歴史学をはじめとする人文学の沈滞がいわれはじめて、すでに長い年月が過ぎました。私自身、大阪大学の文学部長として、いまは大阪大学の総長である鷲田清一さんたちと「文学部は必要か」という、いささか剣呑なタイトルのシンポジウムを主催したこともありますが、それも十五年くらいまえのことになりました。

その危機の本質は、明らかに世界史の大きな流れのなかで生じたものであり、日本の西洋史研究者が、いわゆる国際交流を深め、「西洋人なみ」の「実証」をしたからといって解決するものではまったくありません。このことを最初にわかっておいてほしいので、この本は、十年ほどまえに書いた一文を引用することからはじめたいと思います。

一九八七年夏、ずいぶん久しぶりにロンドン大学付属図書館本館にあるゴールドスミス・ライブラリーに足を踏み入れた私は、一瞬目を疑った。人がいないのだ。ライブラリーのたたずまいは、いまや中年になっていた私が、もっと若いときに知っていたものとはまったく違っていたのだ。少なくとも、私の知っていた一九七〇年代初頭のゴールドスミス・ライブラリーは、意気軒昂とした アフリカ人の若い歴史家で溢れていたはずである。ところが、もはやそこはただ、瀟洒で静かな書庫があるだけで人影はほとんどなく、じつに閑散としていたのである。

いまになって、歴史研究者の端くれとして考えれば、それこそ世界の現代史が一こま動いた証拠であったようにも思うのだが、そんなことはよほど後になって、このときの衝撃の意味を反芻してようやく納得したことであるにすぎない。

＊＊＊

私事で失礼ながら、一九七一年という年は忘れられない年である。この年、東京大学で開かれた学会のシンポジウムが、研究者としての私の運命を決めたからである。戦後日本のイギリス史研究の決定的な転換点となったこのシンポジウムで、私はイギリス近代史を「帝国とジェントルマン」を軸としてみるという、自分の研究の基本命題を公表した。しかし、このテーマに肉付けをして、成果を刊行するまでには十年以上を要した（このあたりの事情は、『学問はおもしろい』講談社選書メチエ、二〇〇一年、に触れておいた）。この十年間に最もよく利用したのがゴールドスミス・ライブラリーである。私の青春後期は、まさにこのライブラリーとともにあったといえる。

ゴールドスミス・ライブラリーというのは、ロンドン大学の附属図書館本館の大きな一室を占めている、近世イギリスの経済パンフレットの、ほとんど完璧なコレクションである。図書館自体がロンドン大学のメイン・ビルディングのなかにあるので、大英博物館とは文字通り指呼の距離である。ゴールドスミス・ライブラリーの部屋は、荘厳な木製ガラス張りの本箱に周りを取り囲まれているので、そこにいると、巨大な高級家具のなかにいるような気分になる。

このコレクションは、その名のとおり、ゴールドスミスのギルドが徹底して収集した同時代の経済関係文書のコレクションである。ゴールドスミスというのは、かつてロンドンで繁栄をきわめた金細工人たちのことで、もともと上流人士のために金の細工をしていたが、やがて金の細工物を担保として融資をはじめ、銀行家に転身していった（「金匠銀行家」）人びとである。

近世イギリスの社会経済史研究には、いまでもこのライブラリーを利用することが不可欠である。もっとも、いまでは、このコレクションの主要な部分はマイクロ化されており、日本にいても、かんたんに見ることができる。しかし、当時は、マイクロフィルムのかたちで取り寄せるにも、現物を確認することができないと難しいことも多かったし、なかには製本などの具合で複写できないものもあったから、なんとしても現場でオリジナルを見るに越したことはなかった。

いうまでもないことながら、ロンドンのブルームズベリ周辺には、大英図書館（周知のとおり、いまは少し移動した）や大英博物館をはじめ、多数の図書館、博物館が集中している。ロンドン大学の附属図書館本館も、そのひとつである。ロンドン大学では、その周辺に位置するカレッジやスクールもそれぞれの図書館を持っているし、少し足をのばせば、ＬＳＥ（経済・政治学部）の図書館もある。それどころか、ロンドン大学附属図書館本館と同じメイン・ビルディングにある歴史研究所も、実際には歴史学の史料ばかりを集めた大きな図書館のようなものである。

東京大学でのシンポジウムの翌年、一九七二年に、私ははじめてゴールドスミス・ライブラリーを訪ねた。予想外のことに、そこにはアフリカ人の研究者が溢れていた。一九六〇年は、歴史上

「アフリカの年」といわれるように、この年を中心にアフリカのナショナリズムが高揚し、多くの植民地が独立を達成した。それから一〇年ほどしか経っていない時代である。アフリカ・ナショナリズムには、なお盛んなものがあった。ナショナリズムは歴史学を必要とする。国家統一をめざした一九世紀ドイツ人たちが、ランケ以下の「ドイツ正統史学」を必要としたのと同じである。部族対立を解消して国民国家としての統合を果たそうとするアフリカ民族主義者たちにとって、「歴史」は国民意識涵養のために不可欠な道具立てであった。

しかし、アフリカ人が自分たちの「歴史」を復元しようとしたとき、その史料というべきものは、ヨーロッパにしかなかった。それも大西洋奴隷貿易の最盛期であった一八世紀については、とくにイギリスかフランスか、ポルトガルにしかなかったといえよう。だから、自分たちの歴史を書こうとしたアフリカ人研究者たちは、ゴールドスミス・ライブラリーを訪ねるしかなかったのである。

カリブ海のトリニダード・トバゴの独立運動を指揮し、独立後、亡くなるまで四半世紀にわたって首相をつとめた歴史家に、エリック・ウィリアムズという人物がいる。イギリスの産業革命を、カリブ海の黒人奴隷の立場から見据えた仕事が、歴史家としての彼の主著である。いまでは、あとのほうで触れるように、彼の残した関係史料一式が、ユネスコの世界遺産に登録されている――娘さんのエリカに依頼されて、私の翻訳も送ってある――ような人物である。このウィリアムズにいささか傾倒していた私自身も、ゴールドスミス・ライブラリーには、これらのアフリカ・ナショナリストたちと同様の期待をもっていたので、まえもって予想はしなかったことであるが、彼らの活動は十分に理解できた。

＊　＊　＊

ところで、一九七二年から翌年にかけてのロンドンでの生活は、民族問題（エスニシティ）についての私の考え方を大きく変えた。いまでこそ常識になったが、当時は、エスニック・モザイクとしてのロンドンの実情をあらかじめ教えてくれる教科書は、日本にはまるでなかった。この目でみるまでは、そのような姿は想像もできなかったのである。戦前からの「あこがれのイギリス」像の上に、マルクスとマックス・ヴェーバーの理論を重ねたものが、いわゆる「戦後史学」の実体であったので、そこで描かれていたイギリス像は、現実とは遠くかけ離れた、白人ヨーマンなどの世界でしかなかったのである。それだけ、日常の生活体験での衝撃は大きかったが、ゴールドスミス・ライブラリーやメイン・ライブラリーでの経験も、強烈であった。

いまはどうなっているか知らないが、当時のロンドン大学附属図書館本館には、「カリブ海域」の広いコーナーがあった。当然、私はそこに足繁く通った。しかし、ウィリアムズに傾倒していたにもかかわらず、そのコーナーは私にとって耐え難い場所で、一〇分くらいでいちいち休憩をとって外に出なければならなかった。というのは、利用者のほとんどがカリブ関係者であったから、そこには彼らの強烈な体臭がしみていたからである。

ソ連のボリシェヴィキには強く反対したが、イギリス風社会主義者であったジョージ・オーウェルが、子供のころ、家族から労働者の子弟と遊ぶことを禁止されたとき、「彼らは臭い」からだと説明されたという話を、かつてはイギリス中産階級の階級差別意識の見事な証明として、納得して読んだ。しかし、「カリブ海域コーナー」での体験からは、差別意識とは別に、体臭の違いは耐え難い感情をもたらすことに気づいたのである。エスニシティや生活文化の問題には、ひ弱い理論では対処できない深刻なものがあるというのが、私の得た教訓であった。

＊＊＊

一九八七年にゴールドスミス・ライブラリーを再訪したときの衝撃には、冒頭で触れた。

あの活気に溢れていたアフリカ人たちはどこへ行ってしまったのか。アフリカ諸国の独立は既定の事実となっていた。アフリカの知識人にとっては、もはやナショナルな感情の高揚よりも、生活のための経済開発の方がより火急の課題となっていた。知識人の関心は、開発理論や技術移転などに移行し、歴史研究はもはや実学としての意味を失いつつあったらしいのである。第三世界の知識人の状況は、この間に様変わりしたらしいのである。

一九八七年の私は、ゴールドスミス・ライブラリーでは、ひたすらジョナス・ハンウェイの書いたパンフレットを読み漁った。かつて高名な学者・芸術家の居住したブルームズベリの一角にいまも現存する、ハンウェイの親友キャプテン・コーラムの捨て子収容所が創設されたいきさつと、これもランベス近くでいまも活動中の海洋協会の設立に際して大量に書かれたパンフレットを分析するためである。ハンウェイというのは、一八世紀にはよく知られていた福祉活動家でもあれば、リスボン駐在の長かった貿易商社マンでもあり、ロンドンにあって、ロシアとの貿易を行っていたモスクワ（ロシア）会社のために、カスピ海からイラン北部を踏査した探検家でもあり、飲茶の習慣を鋭く批判した「反茶派」の社会批評家でもあった。同時に、いささかうさんくさい伝承では、イギリスの男性ではじめて雨傘をさした「変わり者」ともされている人物でもある。

「帝国とジェントルマン」をサブ・タイトルとした『工業化の歴史的前提』（岩波書店、一九八三年）を書こうとしていて気負いのあった十数年まえの私とは違い、今回はきわめて楽しい仕事ぶりであった。このときの成果は、『民衆の大英帝国』（岩波書店、一九九〇年、岩波現代文庫、二〇〇八年）として結実したが、こちらはよほど肩の力を抜いて書くことができた。

じっさい、この間にも戦後の西洋史学では考えられなかったマニュスクリプトを読むことが、日本人の研究者のあいだでも普通のことになっていたから、私の仕事場もキューガーデンの中央公文書館（PRO、現National Archives）が中心となっていた。そのために、ゴールドスミス・ライブラリーでの印刷史料を読むことは、どちらかというと気楽な仕事の部類に入っていたのである。それにしても、この間に私がゴールトスミス・ライブラリーで出会った研究者は、数えるほどしかいなかった。そのうちのひとりは、鉄道史をやっているという中国人であった。中国人のイギリス経済史研究者というものに出会ったのは、このときが最初であった。

南京近郊からの初めての留学生が、イギリス経済史の研究をしたいと言って阪大の私のもとにやってきたのは、それから何年もしてからであった。そういう意味でも、世界の現代史はまた一こま動いたのであった。

以上は、はなはだ長い引用になりましたが、かつて私が大阪大学の「附属図書館・館報」に書いた「わが青春のゴールドスミス・ライブラリー」と題する一文の一部です。これを書いたのは、国立大学法人化の嵐のなか、私が附属図書館館長と法人化担当の総長補佐という二足のわらじを履いて、四苦八苦しているころでした。しかし、そういう時期だったからでもあるのでしょうか、研究者・歴史家としての私の半生のうちに起こった大きな地殻変動を象徴的に書けているように思います。

この文章でアフリカ系の研究者たちのことを書いていますが、それは敗戦によって、日本に「真の近代化」をもたらさなければならない、とかたく信じた戦後のわが国のインテリたちの心情とも、非常に似通ったものがあると思います。

しかし、幸か不幸か、わが国では、歴史学を含む人文学は、高度経済成長のおかげで、その後もかなりの長期にわたって、その存在理由を厳しく問われることはありませんでした。いささか軽はずみな新自由主義者たちによって、「国立大学法人化」という乱暴な政策がとられるまでは。

しかし、問題は、新自由主義者たちの近視眼にだけあったのではなさそうです。その証拠に、彼らには批判的ともみえる新たな政権が成立しても、基本的な流れは変わりそうにありません。問題の核心は、むしろ、新たな状況に対応できていない歴史学、あるいはひろく人文学そのものの側にもあると思います。この本は、私の研究生活を振り返るという、とても恥ずかしいような構成をとっていますが、ここで本当に検討したいことは、そうした問題なのです。いまや、全国、いや世界中にあふれている、定職をもてなくてもがいている日本人の若手研究者たちにこそ、この本をささげたいと思います。

先日、歴史学をはじめとする人文学の若手研究者数十人に、個別に面談する機会がありました。博士（後期）課程の院生や、博士号を取得したあとのいわゆるポス・ドクの人たちでした。なかでも、とくに歴史関係の若手研究者には、軽い衝撃を受けました。というのは、東洋史でいえば中国本土、西洋史でいえば、イギリス・フランス・ドイツ・アメリカなどを対象としている若手が、驚くほど少ないということです。

もちろん、大国さえわかればよいという「大国主義」は、私自身が強く批判してきましたし、マイナーと見られてきた地域や問題から、逆に「中核」を照射したいという希望は、私も強くもってきたことです。しかし、それとは違う何か妙な、研究の「周辺」化が進んでいると思えてならないのです。「マイナー」とみられる問題が、じつはマイナーではないことを証明する心意気があれば、それは素晴らしい試みだと思います。たとえば、カリブ海の奴隷の立場から、世界で最初の工業化というか、世界の工業化のスタートを説明しようとしたエリック・ウィリアムズ（中山毅訳『資本主義と奴隷制』理論社／川北稔訳『コロンブスからカストロまで』I・II、岩波モダン・クラシックス）のような立場です。

ところが、どうも近年の若手研究者のテーマ選びは、私には、このような気迫が感じられないのです。ただ、大きなテーマや、研究史の積み重ねのあるテーマを避けているようにしか見えませんでした。これでは、研究が精緻になればなるほど、現実社会から遊離し、たんなる趣味の世界と見られてしまうのは、避けられません。

「歴史学とは何か」という問いかけは、別の言葉では、歴史哲学とよばれています。それを専門にしている研究者の方もおられます。しかし、専門の歴史哲学者の書物で、私が関心を引かれたものは、あまり多くはありません。このタイプの書物で、断然、面白かったのは、自ら有能な歴史家であったE・H・カーの『歴史とは何か』（清水幾太郎訳、岩波新書）でした。

同様に、歴史学の歴史、つまり史学史についても、それを専門にしている研究者の書かれたものには、あまり興味を引かれた経験がありません。歴史学の歴史もまた、個別の歴史研究に苦労を重ねた人が、自らの苦闘のなかで見出したもののほうが、はるかに面白いと思うのです。

歴史哲学と史学史とは、「史学概論」といわれるジャンルの重要な構成要素であるとみなされてきました。したがって、「史学概論」もまた、具体的なテーマを掲げた歴史研究のなかから出てきたものでなければ、空疎に響くと思います。

私自身、まもなくいわゆる古稀を迎える年代になりましたので、かねて一度、自分なりの「史学概論」を書いてみたいと思っていたのですが、そうなると、ちょっと気恥ずかしいのですが、やはり自分自身の研究生活を回顧することが、いちばん目的に沿う早道ではないかと考えるようになっていました。この本をつくった経緯のひとつは、ここにあります。

ところで、みなさんは、ノート講義というものをご存じでしょうか。先生が自分のつくってきた文章、つまり、ノートをゆっくり読み上げられ、学生は必死でそのとおりノートをとる、というものです。私の学生時代、京都大学の文学部系の講義はすべてこのスタイルをとっていました。

コピーというものがなかったので、これがいちばん正確に先生の考えを伝える方法であったわけです。この方法は、正確かつ着実に内容が伝わるという意味でなかなかのものでもあったのですが、効率はきわめて悪く、通年の講義でも、先生の論文一本分程度しか進みませんでした。おまけに、書き写す速度には限界がありますから、当時の講義は、一回がひとまとまりなどということもなく、妙なところで次回まわしになることもありました。

こういう講義の形態が急速に消滅したのは、大学紛争とコピーの普及のためであったと思います。いま、私は学術論文一本の内容を一、二回の講義で話していますので、昔の先生方の一〇倍以上の内容を講義していることになります。まさに情報化の時代といいますか、いまの学生さんは、大学の講義においても、猛烈な情報の嵐のなかに置かれていることになります。

したがって、これ以上、情報を精密にしてみても、あまり現状を打破する力にはなりそうにもありません。そこに欠けているものがあるとすれば、社会とのつながりそのものだと思うのです。社会科学をはじめ、社会のほかの分野への関心をなくして、細部の「実証」に走ることはあまりよい方向とは思えません。私の学生時代は、マルクス主義的な社会経済史の時代で、小農民が両極分解して、資本家とプロレタリアになっていくという「農民層分解」が主要な課題でした。だから、農民層分解にかんするごく「実証的」という論文もいくつか書かれました。しかし、問題関心のすっかり変わったいま、それらの「実証」研究はどうなっているでしょうか。理屈っぽい議論や問題意識より「実証」論文のほうが学問的であり、そのほうが寿命が長いと考えるのは大きな間違いです。特定のマナー（荘園）の農民層分解を「実証」した論文は、いまや誰も読まないでしょうが、異論は大いにあっても、近代化にかんする大塚久雄先生の書物はいまでも読むに耐えます。以下、いささか恥をしのんで一個人の問題関心の変遷を語る気持ちになったのは、このような思いからです。

この企画は、すでに五年にわたって、京都産業大学の同僚として日常的に刺激しあった玉木俊明さんのご提案で、彼が中心となって進めていただきました。本書全体が、玉木さんのお訊ねに私が応える対談のかたちになっているのは、そのためです。

私が院生時代の最後を過ごした下宿を眼下にみる京都のホテルで、彼を一日煩わせました。京都産業大学には歴史のコースはないのですが、いまやつぎつぎと話題の著作を世に問い、国際的にも大活躍されている玉木さんとの交流は、フェイド・アウト寸前の老骨にも、たいへん楽しいものでした。「解説」を彼に委ねましたので、この場で感謝の意を表しておきます。

二〇〇九年一二月

川北　稔

私と西洋史研究　目次

はじめに　013

I　研究をはじめたころ

1　歴史学との出会い……20
大学に入るまで　20
堀米庸三先生の講演　24
西洋史へ進んだ理由　26

2　イギリス史を選ぶ……32
ドイツ中世史からイギリス史へ
――越智先生との出会い　32
フィッシャーとサプルを読む　35

Ⅱ　計量経済史を拓く

3　「越智研」での研鑽の日々……48
「読む」よりも「探す」ほうが大変　43
越智先生と大塚史学　48
学生時代の生活　53
「越智研」の実際　56
研究室の雰囲気――助手が「天皇」だった時代　60

4　計量経済史の開拓……76
計量経済史と地主への関心　76
『西洋史学』への初投稿　82
ブローデルはほとんど知られていなかった　83
「マル経」と「近経」の分かれ目　86
フィッシャーの功績　91
貿易史研究における輸入研究の意味　93

5　阪大助手時代……97
阪大助手になる　97
『待兼山論叢』の創刊　104

二足のわらじ——助手として講師として　106
角山榮先生との出会い　109

Ⅲ　生活史を拓く

6　大阪女子大学時代……114
計量経済史から生活史への転換　114
「生活の世界歴史」の執筆　119
7　最初のイギリス留学……122
再検討派と呼ばれて——大塚史学からの転換　122
はじめての海外渡航
——デンマークからイギリスへ　124
はじめてのイギリス留学　126
ＩＨＲセミナーへの参加　130
ジョン・ハバカクとの出会い　131
ラルフ・デイヴィズとの出会い　134
エリック・ウィリアムズとの出会い　136

Ⅳ 「世界システム論」の考察

8 ふたたび阪大へ……150
阪大に戻る 150
『講座西洋経済史』の執筆 152
ウォーラーステイン『近代世界システム』の翻訳 156
『工業化の歴史的前提』の執筆 162
博士論文の書き方 163
「ディマンド・プル」モデルでやる 167
「経済史」を忘れた社会史——時代区分の問題 168
『洒落者たちのイギリス史』の執筆 172

9 二回目のイギリス留学……176
一五年ぶりの留学 176
研究環境の変化 180
日本人が西洋史を研究する意味 183

Ⅴ 西洋史研究の意義と役割

10 通史としての世界史……196
「世界史への問い」の編集 196
「岩波講座世界歴史」の編集 197

言語論的転回と歴史学　202
11　**勉強のしかた**……206
本を買う、読む——『砂糖の世界史』の執筆　206
外国語の習得　212
12　**大学教育について**……220
大学院重点化の問題点　220
国立大学法人化の問題点　224
13　**西洋史学の意義と歴史家の役割**……229
世界史教育と日本人　229
歴史学の意味　231
歴史家の役割　232
西洋史研究の意義　234
西洋史研究のあり方　240
大学院生の研究・教育について　245
若い研究者へのメッセージ　251

コラム

イギリス衰退論　67
ブローデルとウォーラーステイン　143
研究の視座――『工業化の歴史的前提――帝国とジェントルマン』など　185

主要著作一覧　253
解　説　玉木俊明　261
人名索引　269

装丁　濱崎実幸

I

研究をはじめたころ

1　歴史学との出会い

大学に入るまで

――まず、先生と歴史学との出会いについてお伺いしたいと思います。いつごろ、どのようなきっかけで歴史学に興味をもたれたのでしょうか。

川北　子どものころは、とくに歴史好きというわけではありませんでしたね。ちょっと頭でっかちな小学生で、まあ勉強はできたんですけれども、家がすごく貧乏だったこともあって、自分で物を書いてやっていきたいと思うようなところがありました。小説が好きでしたので、子どものころはずっと小説を読んでいました。小学五年生か六年生だったと思いますが、松本清張が芥川賞をもらったんですけれども、私はそのときに清張を読んでいます。今思えばとても変な小学生でした。

小学校卒業時。２列目中央に川北。うしろの建物が唯一の校舎

中学校ではネフローゼにかかりましたので、一年生と二年生のときはほとんど学校へ行けませんでした。でも、日本史の先生で非常にいい先生がいらして、そのころ歴史に興味をもちはじめたと思います。中学でしたが、暗記というのではなく、話がよほど構造的というか、社会経済史的であったことが、子供心にわかりやすかったのだと思います。今の生徒さんには、こういう話がうけるとも思いませんが。

でも、決定的になったのは大学かな。高校でいろいろな歴史の先生に教わってその影響は非

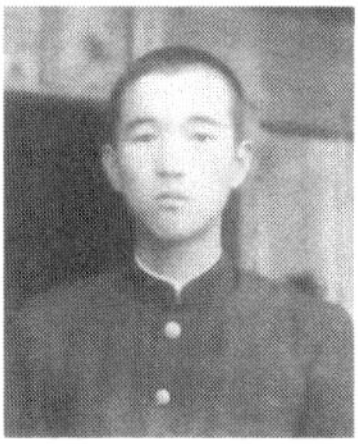

高校受験のころ

常に大きかったんですけれども、高校生のころは歴史を専攻するとは思っていなかったので。全体としては、大学で出会った先生たちの影響でしょうね。

――大学に入られてからということですけれども、大学に入られるときに卒業後の就職のことは考えられませんでしたか。当時、文学部に入るということは、そういうことはほとんど考えないようなものだったと思いますが。

川北　それはそうですね。今も言いましたように、家が非常に貧しくて、大学へ入るといっても親にお金を出してもらうつもりはなくて、自分でやらんといかんと思っていました。実際、全部自分でやったんです。

高等学校は奈良女子大学の附属だったんですけれども、担任が二人おられました。一人は歴史学者の池本幸三先生。[1] もう一人も社会科の先生で、この先生が主担任でした。主担任の先生には「はっきり言うと、あんたのところはすごく貧乏なんだから、文学部へ行くのはよしなさい」とだいぶ言われました。自分も文学部を出て苦労をしたから、というように言われました。

その先生のおっしゃっていたことは正解だったとは思いますけれども、池本先生は「文学部へ行って飢え死にした人もおらんから、好きなことをやれ」とおっしゃった。最後の最後まで迷いましたけれども、高校の同級生で東大へ行

1 池本幸三（一九二八－）近代アメリカ史家、龍谷大学名誉教授。代表作に『近代奴隷制社会の史的展開』ミネルヴァ書房、一九八七など。

った友人に――彼は理系だったんですが――「迷ってるねん」と相談したんです。そうしたら「おまえが文学部へ行かなかったら誰が行くねん」と言われました。僕は高校では小説を書いたりしていましたから。彼は文学部のことはまったくわかっていなくて言ったと思うんだけれども、そういうこともあって、まあどうせ自分でやるんだからと思って文学部へ入ったんです。就職のことはそんなに深刻に考えていなかったのだろうと思います。

――角山榮先生[2]は文学部に入学して松尾芭蕉を研究したかったんだけれども、親に反対されたそうですね。それで経済学部に入られたとか。

川北　ああ、そういうケースが昔は多かったですね。ちゃんとした家庭の親だったら反対すると思うんだけれども、私の親は大学のことなど何もわからなかったから、何も言わなかったんです。まあ自分で勝手にやるだろうというところがありました。でも、一人でやってきましたから、それはすごく大変でした。そのころの貧乏話をしたことはあんまりないんですが、学生時代は本当に大変でした。

――私たちのときにはまだいましたけれども、当時は全部自分でやっているという人が結構いたのでしょうか。

2角山榮（一九二一－）イギリス史家、和歌山大学名誉教授。代表作に『資本主義の成立過程』ミネルヴァ書房、一九五六、『茶の世界史』中公新書、一九八〇など。

川北　そうですね。でも、京大の同級生でそんな人はほとんどいませんでしたね。「うち、貧乏やねん」と言う人はいっぱいいましたが、よく聞くと、そんなのは僕から見れば貧乏でも何でもない。まだ学生が質屋へよく通っていた時代で、友達はたくさん質屋に行きましたけれども、私は質屋に一回も行ったことがない。質入れする物がなかった。質屋へ行ける人は金持ちだと思っていました。だいたい、いつか親からお金が届いて受け戻せますからね。僕の場合、持っていったらそれで終わりになっちゃうから、行ったことはないです。

就職やお金のことはあんまり気にしないで文学部をめざしたのですから、ある意味、すごく呑気だったと言えるかもしれません。試験そのものは出来がよくて、たぶんどの学部でも入れただろうと思います。熱心に他学部を勧めてくださった先生もいたんですけれども、結局、文学部に入りました。

高校３年生ころ（手前）

堀米庸三先生の講演

――池本幸三先生は、同志社大学西洋史初の修士ですね。

川北　そうですね。だから、池本先生ご自身も大学院を出られてから苦労されたんです。当時、大学にはポストがなくて、それで高校の先生をしておられたんです。けれども、いろんな人に西洋史をやれと勧めておられて、僕も勧められました。

何年生のころだったかよく思い出せませんが、たぶん二年生ぐらいかな、決定的なことがありました。当時、女子大附属高校は奈良女子大のキャンパスのなかにあったんですが、そのキャンパスで堀米庸三先生[1]の講演会があったんです。たぶん堀米先生が北大から東大へ変わられたころで、のちに『正統と異端』（中公新書、一九六四年）として結実する仕事をはじめておられました。そのころは僕も高校生だから全然意味がわからなかったんですが、池本先生に「講演会に来ないか」と誘われて聞きに行ったんです。あの当時は何もわからなかったと思うんだけれども、何となく格好いいなと思ったところもあるんです。池本先生の作戦だったのかどうかはわからないけれども、この影響は非常に大きかったと思います。ただ、それでも、大学へ入るまでは、西洋史をやるとは思っていなかったんですけどね。

——それは意外ですね。今は、昔のように教養と専門が整然とは分かれてはおらず、小説を読んで文学部に来るような人もだいぶ減りましたね。

川北　ああ、今はほとんどいませんね。本当にいなくなりました。だから、

1 堀米庸三（一九一三－七五）西洋中世史家、北海道大学・東京大学教授。代表作に『中世国家の構造』日本評論社、一九四九、『西洋中世世界の崩壊』岩波書店、一九五八など。

文学の影響力というのが非常に小さくなってしまっていますね。受験勉強が文学作品なんかを読む時間をなくしているという一面もあると思います。文学以外のことでいろいろやっていることもあるわけだから、一概に悪いとは言えないと思いますけれども、ある種の学問分野にとってはすごく打撃ですね。みんな小説やなんかを読まなくなった。岩波文庫のシェイクスピアさえ読んだことのない人が英文学科に入って、これからシェイクスピアをやるとか言っている。これは非常に変な話です。

西洋史へ進んだ理由

川北　物を書きはじめたのは中学生のときです。当時はあんまり政治的なことは考えていませんでしたが、あとから言えば、左翼の文学サークルの中に子どもだけれども入っていた中学時代の影響が、ここに出てきたのだと思います。そのサークルには、小学生も一人いました。女の子なんですが、いろいろ事情があって差別の問題と絡んで、のちに自殺してしまいました。私にとっては、とても衝撃的なことでした。そのことはいろいろ取り上げられて本にもなったりしています。

高校のときは文芸クラブに入っていましたので、小説みたいなものを高校の雑誌に書いていて、いくらかは活字になっていますね。そのころの一番の親友は、奈良で有名な右翼の息子でした。彼は先生方から「絶対におまえなんか東大に行けない」と言われていたのに、無理やり浪人をして東大へ行って、弁護士になって、大阪弁護士会一の「悪徳」弁護士になったらしいのです（笑）。何回か新聞にも載りました。大金持ちになって、五〇歳ぐらいで亡くなってしまいましたが、先年、ある弁護士に「私はあいつと友達だった」と言ったらものすごく怪訝そうにされて、本当かといって何度も確認されました。

高校時代は、彼とずっと文集をつくったりしていたんです。先に触れたように、中学生のときに、大人のセミプロの文学サークルに入っていて、大きな体験であったのですが、当時の文学運動は、政治性も強かったですし、高校ではその話はいっさい封印して、たんにクラブ活動として、文学をやっていました。親友は、ヘルマン・ヘッセなどを読んだり、クラブの下級生の女の子が書いた恋愛小説に感激したりしていましたが、私は、いわばプロレタリア文学風[1]でした。のちには、初期の開高健さんがとても好きになりま

前列で学生服を着ているのが川北、左側が平川君。後列右から荻野君、米田治泰さん、野田宣雄助手

1 戦前の日本の文学の潮流の一つであり、マルクス主義の影響を強く受け、労働者の悲惨な生活状況を描き、社会変革の考え方も考えていたので、政府から弾圧された。

した。

学問としては、変な話なんですが、文学よりだんだん国語学みたいなものが好きになって、大学へ入ったときは国語学をやるつもりで一年間ずっと専門の雑誌やらを読んでいたんです。一回生のときです。

当時の京大には池上禎造先生[2]という古代日本語の有名な先生がおられて――あとで阪大の文学部の教授になられたんですけれども――そんな先生もおられたので、本当は国語学をやるつもりでいたのです。

だけど、いろいろ思うところがあって……。というのは、大学へ入った年は一九五九年、六〇年安保の前の年です。京大の学生運動は、六〇年よりも五九年のほうが激しくて、もう安保ど真ん中です。六〇年には樺美智子さんが亡くなりましたし、それから、どういうふうに言ったらいいのかわかりませんが、うちが貧乏だったということもあって、世の中から貧乏をなくすようにしないといけないというような気持ちはずっとありました。まあ、あのころは政治的とは言わないまでも、社会的な関心が非常に強い時期だったし、文学をやっていてもそういう感じだったから、ちょっと国語学でもないなと思ったのです。

それから、当時の教養のときのクラスメイトで一番親しかった友人に萩野隆

2 池上禎造《ていぞう》（一九一一－二〇〇五）国語学・国文学者、京都大学・大阪大学教授。代表作に『漢語研究の構想』岩波書店、一九八四など。

活君という人がいて、彼と二人で学部の研究室回りをしたんです。僕らのころは、教養から学部へ進むときに、研究室を回るという習慣が多少あったんです。当時は教養と学部は場所からして違っていたし、[3]学部の先生に教えてもらうこともなかったから、学部のことが全然わかりませんでしたから。

あちこち回ったんだけれども、自分らのそのころの関心からすると西洋史かなと思いはじめた。そのときいろいろ教えてくださったのが井上智勇先生[4]です。そういうこともあって二人で西洋史へ行こうかということになりました。似たような仲間が大勢いて、僕の学年の京大の西洋史というのは、学部でもかなりにぎやかだったんです。

研究室に残ったのは僕一人だったんですが、有斐閣の編集長になった平川幸雄君、ＮＨＫへ入った萩野君なんかは、たぶん研究者になっても十分やれた人たちですから、すごくよかったですよ。西洋史をやるようになったのは、時代の雰囲気というのが一番大きかったかな。西洋史研究室のお茶がおいしかったとか言う人もいるけれど、そんなの嘘だと思う（笑）。

教養の西洋史担当は、シュメールの粘土板がご専門の中原与茂九郎先生[5]と、イギリス農民一揆の研究者だった富岡次郎先生[6]とでしたけれども、これは恐ろ

3　当時の京都大学では、教養のキャンパスは宇治にあった。

4　井上智勇《ちゆう》（一九〇六－八四）古代ローマ史家、京都大学教授・奈良教育大学学長。代表作に『初期キリスト教とローマ帝国』創文社、一九七三など。

5　中原与《よ》茂《も》九郎《くろう》（一九〇〇－八八）シュメール史家、京都大学教授。

6　富岡次郎（一九二七－二〇〇一）イギリス史家、京都大学教授。代表作に『ゼネストの研究』三一書房、一九七八など。

しい組み合わせでした。半年ずつお二人で西洋史の概論のようなことをやっておられたんですが、中原先生は紀元前一〇〇〇年ごろ、富岡先生の講義はナチスでしたからね。歴史は、両端がわかったら真ん中なんか自然にわかると言われているようなもので、本当かなと思いましたけど。

中原先生は、ご専門がそういうものだったから、教養の西洋史とかいうのはちょっとしんどかったですけれども、H・G・ウェルズの作品を読んでおられました。面白い先生でしたね。一番の親友になった前川和也君[7]は中原先生の直接の弟子ですから、中原先生とはいろいろ思い出もあります。

富岡先生はイギリス史で、講義は単刀直入というか、型通りスパスパと切っていくような講義だから、非常にわかりやすかった。

――一九九六年のことだったと思いますが、私は富岡先生にお目にかかったとき、「川北君が入ってきたときには、なんと優秀な人間が入ってきたんだろうと思った」という話をお聞きました。「川北君は京大西洋史で一番優秀な人ではないでしょうか」とおっしゃったのをよく覚えております。富岡先生は、何か独特のオーラがあるというか、いわく言い難い雰囲気の人ですね。

川北　そうですね。富岡先生の奥さんは、たぶん私の高校の先輩なんです。

7 前川和也（一九四二―）シュメール史家、京都大学名誉教授・国士舘大学教授。シュメール社会経済史の世界的権威。

あとでお話ししたほうがいいかもしれないけれども、富岡先生には、僕が阪大の助手から大阪女子大に就職するときにお世話してもらったので、とても感謝しています。

2　イギリス史を選ぶ

ドイツ中世史からイギリス史へ――越智先生との出会い

――教養から学部になるときに西洋史を選ばれて、最初はドイツの中世初期を勉強されたそうですね。

川北　社会的な関心とかいうにしては変なのですがね。井上先生を見て西洋史に入ったということもあるので、最初は古代と中世の境目あたり、井上先生のご専門みたいなところを勉強していました。ピレンヌ[1]とドプシュ[2]の論争とか、そんなことをやろうかなと思って、三ヵ月ぐらい中世初期の勉強をしたんです。

大してすることはありませんでしたけれども、当時、その関係の本が日本でものすごくたくさん出ていました。古いところだと、植村清之助先生[3]――植村雅彦先生[4]のお父さんですね――の本とか、増田四郎先生[5]の本とか、いろいろ出

1ピレンヌ（Henri Pirenne, 1862-1935）ベルギーの歴史家。古代の地中海世界が、イスラム勢力の進入により、八世紀前半に消滅したという「ピレンヌ・テーゼ」で名高い。代表作に『ヨーロッパ世界の誕生――マホメットとシャルルマーニュ』創文社、一九六〇など。

2ドプシュ（Alfons Dopsch, 1868-1953）オーストリアの歴史家。初期中世が研究の中心。代表作に『ヨーロッパ文化発展の経済的社会的基礎』創文社、一九八〇など。

3植村清之助（一八八六－一九二八）西洋中世史家、京都大学教授。代表作に『西洋中世史の研究』星野書店、一九四八など。日本にドプシュの業績をはじめて紹介した。

4植村雅彦（一九一九－二〇〇六）イギリス近代史家、大阪大学教授。代表作に『テューダー・ヒューマニズム研究序説』創文社、一

ていました。法学関係の方のラティフンディウムの研究とかね。今から見ると研究というほどのものじゃないのかもしれないけれども、当時はそういう研究がいろいろ出ていましたので、日本語だけでもけっこう読む本があったんです。

――当時は、増田四郎、堀米庸三という先生方がいらして、中世史はドイツが中心でした。現在と決定的に違うのは、史料がかなり少なかったこと。ですから、理論だけで攻めていくようなところがありましたね。

川北　そうですね。古代が終わって、いつから中世になるのかというような話だから、それはそれなりに面白かったんです。私自身、そのころはドイツ史をやるつもりだったんです。ただ、研究をどのようにして進めていくのかという話になると、どうしていいのかわからないし、どうもこれは取りつく島がないなというところがあって、非常に困ってしまってね。三ヵ月ぐらいやったんですが……。それで、どうしようかなと思っていたら、当時、助教授だった越智武臣先生[6]とお話しする機会があって、それから変わったんです。ドイツ史でもっと先まで行っていたら、たぶんもう変われなかったと思うので、それはいいタイミングだったと思うんです。

京都の出町の橋の上で越智先生に出会ったんです。今もまだあるかな、出町

九六七、『エリザベス一世』教育社、一九八一など。

5 増田四郎（一九〇八－九七）ドイツ中世史家、一橋大学教授・学長。代表作に『西洋中世世界の成立』岩波書店、一九五〇、『西洋封建社会成立期の研究』岩波書店、一九五九など。

6 越智《おち》武臣《たけおみ》（一九二三－二〇〇六）イギリス史家、京都大学教授・京都橘女子大学学長。代表作に『近代英国の起源』ミネルヴァ書房、一九六六など。

後列右から越智武臣先生、河村貞枝さん、岸田紀さん、前列左、村岡健次さん

に本を質に取るのでわりあい有名な古本屋があったんです。私は質に入れたことはありませんが。

――今もあります。私もよく行っていました。善書堂です。

川北　あそこへ行って大学へ帰ろうと思って出町の橋を渡りかけたら、越智先生が東のほうからやって来られて、何となくくっつくかたちになって。よく覚えていますが、越智先生が長身の僕を見上げて、「君とここにいるのはしんどい」と言われた。「僕も先生とこの恰好で話すのはしんどいです」と言ってしまったりしたのだけれども。そんな冗談もあって、ゲルマン人の問題をやろうと思ったけれども、もうひとつ面白くないし、迷っているという話をしたんです。

そうしたら、越智先生は、「たぶんそう言ってくるだろうと思っていた」と言われました。なぜそう思われていたのかわかりませんけれども。そんなところをやって、考古学の発掘待ちみたいなことでは日本で研究が進められないから、もっと材料のあるところでやったらどうかというふうに言われました。先生自身は、ブリティッシュ・カウンシル[7]でイギリスへ行かれていました。まだ向こうに行く人が非常に少なかった時代です。お会いしたのは、お帰りになってまだあまり間がないころでした。越智先生自身、非常に元気なときでしたから、そういうふうに勧めていただいて、それなら、そうしようかなというところもありました。

フィッシャーとサプルを読む

川北　そうして越智先生に真っ先に読めと言われたのが、フィッシャーの論文[1]です。これは『エコノミック・ヒストリー・レビュー[2]』に載った論文です。もうひとつは、まだ日本で誰も読んでいなかったサプル[3]の本です。これは向こうでは大変評判だけれども、自分が読んでみても読めないと先生が言われて、「君、読むなら読みなさい」と勧められたんです。それが夏休み前の話で、三回生の夏休みのあいだ、僕はそのフィッシャーの雑誌論文とサプルの著書一冊

7 イギリスの公的な国際交流機関。

1 Frederick Jack Fisher (1908-88) “Commercial trends and Policy in Sixteenth Century England”, *Economic History Review*, Vol. 10, (1940), pp.95-117.

2 *Economic History Review*. イギリスの代表的な経済史の雑誌。

3 サプル (Barry Emanuel Supple, 1930-) イギリス経済史・経営史家。ケンブリッジ大学名誉教授。代表作に、*Commercial Crisis and Change in England, 1600-1642*, Cambridge, 1959など。

を、相当大変だったけれども、全訳したんです。わからないところもありましたが、ともかく当時の学力で全訳したんです。

――サプルの本は、後半部分がわかりづらいんですよね。

川北　ええ。当時は歴史学では使われていない言葉もいっぱいありましたから。今となっては何でもないけれども、普通の歴史家は今でもあまり使わないような経済学の用語をいっぱい使ってありました。たとえば、「限界消費性向」[4]などという言葉が頻発されていました。あとからイギリス人の書いた書評を読むと、当時サプルの本はものすごく評判だったけれども、それは毀誉褒貶、両方あるという話で、こんなものはとても普通の人の読めるものじゃないし、誰に向かって書いているんだというようなものも随分ありました。一方で、非常に新しい考え方が出てきているんじゃないかというところもありました。いろんな意味で問題提起的というか、画期的なものだったとは思います。しかし、日本の学界動向とはまったく相容れないものでしたからね。

当時、経済学部で経済史をやっていた大先生でも、あれを読むのは、たぶん僕と同じぐらい大変だったろうと思います。そのころ日本の経済史学界は、何から何まで全部マルクス経済学の言葉で話をしていましたが、サプルの本には

4 所得が増加したときに、その増加分のうち消費にあてられる割合。

近代経済学の用語とか概念が使われていましたから。まあわかる人もいただろうけれども、あれを、じっさいに本格的に読んだという人は当時はほとんどいなかったでしょう。

——角山先生が、『イギリス毛織物工業史論——初期資本主義の構造』（ミネルヴァ書房、一九六〇年）のなかで使われていたぐらいですかね。

川北　うん、そうかもしれません。角山先生は、おわかりになったかもしれませんね。

——サプルの本というのは、大学の図書館に行けばたいていあるんですね。しかし、実際に読み通した人は少ないと思います。越智先生のお話では、「いや、川北君はね、スウィージー＝ドッブ論争[5]を卒論でやりたいと言っていたんですけど、そんなことをやっても書けないので、こっちにしたら、というふうに僕が言ったんですよ」ということでした。

川北　ええ、ええ、それはそうですね。

——サプルというのは、トーニー[6]とかの歴史学とはもうまったく違う感じで、土地制度史学のような形で慣れてきた人にとっては非常に違和感があったのではないでしょうか。

5 モーリス・ドッブ（Maurice Dobb, 1900-76）とポール・スウィージー（Paul Sweezy, 1910-2004）による、封建制から資本主義への移行をめぐる論争。ドッブが、資本主義は封建制度内部の矛盾から生じたと主張したのに対し、スウィージーは、資本主義は封建制度とは独立しており、封建制度が停滞していたのとは対象的にダイナミズムがあったので、封建制度に取って代わったと主張した。

6 トーニー（Richard Henry Tawney, 1880-1962）イギリスの歴史家・社会改革運動家。代表作に『宗教と資本主義の興隆』岩波文庫、上下、一九五六－五九など。

川北　それはもう、ものすごい違和感がありました。イギリス国内でも違和感があったと思います。イギリスの学界は、ご存じのとおり、日本のように経済学部系の経済史とか、文学部系の経済史とかいうふうには分かれていなくて、一応「ヒストリー」として一緒にやっているようなところもあるんだけれども、それでも、サプルの本はとにかく非常に批判が強かった。こんなものは読めないという反発が非常に強かったし、それから部分的だけど数量的な処理とかモデル的な処理とかしているが、それは非常にあやしいという、伝統的な歴史学の立場の人たちがいました。そもそも、彼の発想、取り上げている問題とか概念とかが違うから、なかなか受け入れられなかったと思うんです。

そういうこともあって、サプルさん自身があとになって経済史をやめちゃったんですね。サプルさんは先年引退しましたが、後半生は経営史家になっていました。私にとって、フィッシャーとサプルは出発点だったとずっと思っているので、特別の思いがあります。だいぶ前になりますが、サプルが新日鉄のコマーシャルに出ていたのを見たとき、あまり気分がよくありませんでしたね。

——サプルの本は、たしかに画期的で、一七世紀前半のイギリス経済史にかんしては、今でもあれを超えるようなものは出ているのかなと思いますね。

川北　そうですね。ああいう分野では少ないですね。画期的なものですよね。サプルはすごく頭が良くて、ケンブリッジもハーヴァードも両方主席で出た人なので――ダブル・ファーストと当時は言ったんですけれども――非常に新しいことをやったんだと思います。

フィッシャーのほうは、サプルほど劇的ではないけれども、問題関心はトーニーとは非常に変わっていました。ただ、トーニーの問題関心をある程度引き継ぎながら、別のことをやりましたので、これは歴史家のなかでは受け入れられやすかったと思うんです。フィッシャーさんは、オブライエンさんなんか[7]に言わせると、大変怠け者で何もしなかったというのですね。本当に業績の極端に少ない人だったから、そうかもしれないけど、やったこと自体は、それまでのイギリスの社会経済史の流れをかなり変えたと私は思っているんです。

――フィッシャーには一九四〇年の論文で「コマーシャル・トレンド」[8]というのがあります。これは有名な論文で、多くの人がタイトルは知っている論文ですが、実際に読んだ人はあまりいないかもしれません。また、フィッシャーは重要な事柄を何気ない英語で書いてしまうので、重要だと気づかないまま通り過ぎてしまうこともあります。そういうこともあり、最近の学生とか院生は、

7オブライエン（Patrick Karl O'Brien, 1932-）イギリスの経済史家。ロンドン大学教授。グローバルヒストリーの提唱者の一人。代表作に『帝国主義と工業化』ミネルヴァ書房、二〇〇〇など。

8本書三五頁、脚注参照。

この論文が画期的だとわからないのではないでしょうか。ああ、そうだ、フィッシャーは「注」があまりない人なんですよね。出典がどこかわからないということが、しょっちゅうありましたね。だから、本人のオリジナルなのか、誰かが言ったことなのか、よくわからないということがあります。

川北　フィッシャーは、それ以前の歴史学は、基本的には、現代的関心というか、現代の経済学や社会学の関心につながっていないと考えていたのでしょう。たとえば、トーニーまでの歴史、社会経済史というのは、基本的に農村史なんです。ジェントリの話にしろ、『一六世紀の農業問題』[9]にしろ、これは農村の歴史であって、農村がどう展開していくのかということをやっていたんです。それから都市的なものが出てきて近代化していくということがあるんだけれども、そこのところはきちんとやっていないわけで、基本的には農村の話です。

日本の戦後の社会経済史も、基本的に農村史、土地制度史学だったわけで、それが前提だったんですが、フィッシャーの場合、生産よりも流通の話になっていった。フィッシャーの基本は、農村じゃなくてロンドン史なんです。本人はそういうふうに言っていないけれども、書いていることは全部ロンドン史な

9 R. H. Tawney, *The Agrarian Problem in the Sixteenth Century*, London, 1912.

んです。だからロンドンという都会を取り上げて、それから「コンスピキュアス・コンサンプション conspicuous consumption（見せびらかしのための消費）」の成立にかんする論文があります。ここでは、都市的な消費とか需要とかを扱っていて、テーマの非常に大きな転換があったんだと思います。

のちに、イギリス都市生活史研究会を立ち上げた私の都市の生活文化に対する関心は、ここにはじまります。幼児期を大阪で過ごしながら、小・中学校を奈良の僻地で過ごした経験も背景にありました。日本に生活文化上の「農村」が急速になくなっていく時代でしたし、近世以降の都市は、じつにチャーミングなテーマだと思いました。大塚史学[10]的な近世都市研究では、自由とか、営業権などが問題にされていたわけですが、それでは中世都市研究の延長でしかないように思えて、都市と消費市場と流行や、見せびらかしの消費を行う行動様式など、フィッシャーの視点は、いずれも現代に直結していて、じつに新鮮でした。私自身は、結局、生涯、このテーマにこだわり続けることになるのかと思います。

――このフィッシャーの論文は画期的なものですが、もっと注を付

10 本書四九頁、脚注参照。

イギリス都市生活史研究会のメンバー（1996年）。前列中央が角山先生、向かってその左に村岡健次さん、そのうしろに川島昭夫君

け加えていただかないとわからないところがあると思います。私などの世代にはまだ十分なのですけれども、たぶん今はそれではわからない、もっと詳しく言わないとわからないですね。

川北　今の人がフィッシャーなんかを読んでもあんまり衝撃も受けないといいうのは、元のトーニーみたいな歴史学自体を知らないからでしょう。フィッシャーぐらいから新しい歴史学が出てきていると思うんです。

――フィッシャー論文には「ロンドン―アントウェルペン枢軸」というのが出てましたね。ロンドンがアントウェルペンと毛織物輸出を通じて結びついているかという視点など、決定的にトーニーとは違うところですね。イギリス国内ではトーニーは有名ですが、ヨーロッパ大陸ではたぶんフィッシャーのほうが有名です。それは、イギリスと大陸との関係に目を向けたということも影響していると思います。ドイツでは、「ロンドン―アントウェルペン枢軸とその先」という言い方もなされます。

川北　そうですね。

「読む」よりも「探す」ほうが大変

——越智先生が最初にフィッシャー論文を読まれたのは小松芳喬先生[1]のところで、小松先生は戦時中に『エコノミック・ヒストリー・レビュー』を輸入していたらしいんです。どうやって輸入していたのか、まあお金があったからできたんでしょうが。東京大空襲のときに家が焼けてしまって、書庫は当時すでに耐火性だったそうですが、それでも燃えてしまう、それで本に水をかけたのですが、おかげでページがめくれなくなってしまった。越智先生はそれでもちゃんとその論文を読んで、『近代英国の起源』（ミネルヴァ書房、一九六六年）の中の一節を書かれた。当時は、まず論文を手に入れるということ自体が大変だったんですよね。

川北　それはもうすごく大変。角山先生がよく言っておられますが、ジョージ・アンウィン[2]の本が、そんなにあちこちにはなくて、関西では矢口孝次郎先生[3]が持っておられるというので、みんな矢口先生のところへ行って読んだと。大阪の中之島にあった緒方洪庵の適塾の世界ですよ。当時はコピー機がないわけだから、誰かがそういう本を持っているとわかったら、そこへ行って手で写すか、そこで読むかしかないわけで、それはもうすごく大変でした。

1 小松芳喬《よしたか》（一九〇六－二〇〇〇）イギリス経済史家、早稲田大学教授。日本学士院会員。代表作に『イギリス農業革命の研究』岩波書店、一九六一など。

2 アンウィン（George Unwin, 1870-1925）イギリス経済史家、マンチェスター大学教授。代表作に『ギルドの解体過程』岩波書店、一九八〇など。

3 矢口孝次郎《たかじろう》（一九〇三－一九七八）イギリス経済史家、関西大学教授。代表作に『英国社会経済史』甲文堂書店、一九三七、『イギリス政治経済史』同文館出版、一九四二など。

ちょっとあとの話になりますが、僕自身、大学院では一日に一点ずつ、横文字の本か論文を読むということを日課にしていたんです。もっとも本を一冊だとなかなか一日では読めなくて何日かかかってしまう。ということは、一日何本か横文字の論文を読む日もあるわけで、それもノートをとって読むということをやりました。かなり無茶な話だったんですが、かなりの期間それを続けました。そのときのノートが今もあります。「それだけ読むのはすごく大変だったでしょう」とみんなに言われるんだけれども、読むのが大変よりも、読む物を探すのが大変だった。

だから、ちょっとでも関係があるものは、そのころ全部読んだ。ウォーラーステイン[4]の『近代世界システム』第一巻の文献目録ってすごい量なんですが、僕自身はほぼ読んでいる。あの辺のことにかんしては、彼と僕とで読んでいる文献がほとんど同じだなと、あとで感じました。でも、何度も言いますが、読むことが大変だったんじゃなくて、探すことがものすごく大変だった。

——本当にそうでしょうね。またあとの話になりますが、ウォーラーステインの第一回目の議論というのは、おそらくは、あのあたりのことを読んでいる人にとっては「ああ、自分の考えていることはこうだったんだ」というような

4ウォーラーステイン（Immanuel Wallerstein, 1930-）アメリカの社会学者・歴史家。「近代世界システム論」の提唱者。『近代世界システム——農業資本主義とヨーロッパ世界経済の成立』Ⅰ・Ⅱ、岩波書店、一九八一、『近代世界システム——重商主義と「ヨーロッパ世界経済」の凝集』名古屋大学出版会、一九九三、『近代世界システム——一七三〇〜一八四〇S大西洋革命の時代』名古屋大学出版会、一九九七など。コラム「ブローデルとウォーラーステイン」（一四三頁）参照。

議論だから受け入れやすかったんでしょうね。たぶん、言われているほど違和感はなかったんじゃないかと。フィッシャーやサプルの歴史学を理解していると、あまり難しいものではない。

川北　うん、そうそう。それはそうです。だから、トーニー派だった越智先生には受け入れにくかったんじゃないかな。越智先生はフィッシャーのことも書かれましたが、基本的にはトーニーに私淑していた人ですからね。トーニー先生もそうだったという話もあるんだけれども、越智先生はご自分で、冗談に三桁の足し算があやしいと言っておられたくらいだから（笑）。そういう次第だから、とてもじゃないが、フィッシャーはともかく、サプルは無理だったんじゃないかな。そういうこともあって「まあ読めるなら読め」と言われたんだと思うんです。

話が戻りますが、僕は京大の入学試験を受けるとき、理科は「生物」と「物理」を選んだ。僕らのころは、文学部でも理科は二科目受けなきゃいけなかったんです。数学はちょっと違いましたが、受験科目は医学部でもどこでもだいたい同じだったんです。文学部だと、たいていの受験生は化学と生物とかで受けていた。

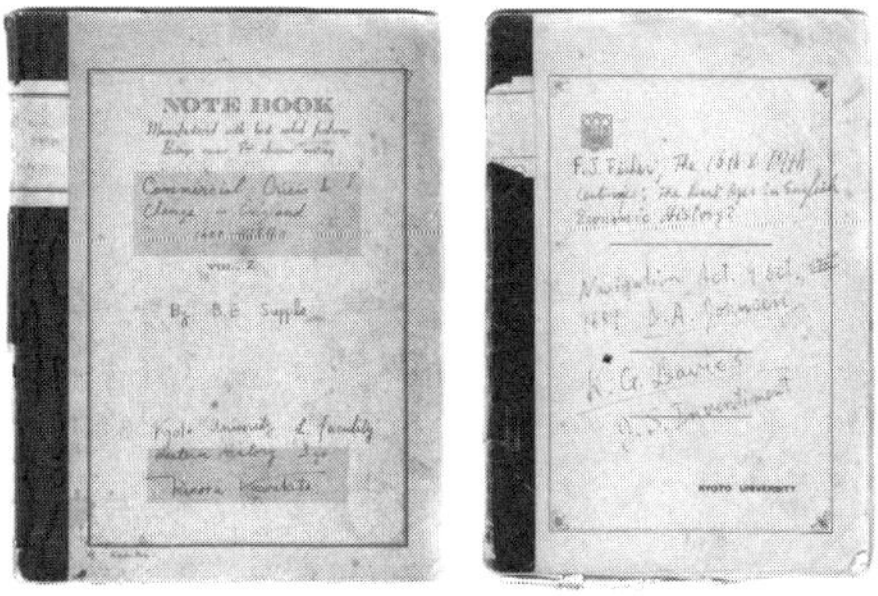

学生時代の読書ノート

――センター試験と同じパターンですね。

川北　そうです。僕は「生物」と「物理」で受けましたが、模擬テストのとき、僕のほかは誰もいない、というか席がないんです。模擬テストの会場で席を聞いたら、「そんな変なやつがおるんか」と怒られた。でも、あとでずいぶん言われたんですが、物理の入学試験はとても好成績だったんです。

　それで、何だかよくわからないんだけど、あいつは何か理系のことはできるらしいという話が伝わっていて、それで越智先生は、フィッシャーとかサプルを読めるなら読め、と言われたと思うんです。まあそんなこんなでスタートがよかった。

――越智史学と川北史学の違いというのは、トーニーとフィッシャーの違いぐらいというところでしょうか。越智先生は、イギリスという国家の生成過程を扱った『近代英国の起源』を書かれた。川北先生は、そもそも他地域と結びついたイギリスを重視されている。そのような違いを感じるのですが。

川北　ええ、そうですね。イギリスの近世・近代史の担い手を「ジェントルマン」と捉える見方については、越智先生から全面的に教わりました。先生の「ジェントルマン・イデアル（ジェントルマンの理想）」の講義は、それはそれは迫力がありました。しかし、他方では、私の場合、早くから人文科学研究所[5]に出入りさせていただいたので、そこで角山先生や飯沼二郎先生[6]と接触をもつこともできました。飯沼先生からは、一八世紀イギリスを「地主王政」とみなす考え方を学び、同時に、イギリスでも著書のなかった、のちのオックスフォード大学副総長（総長は名誉職のため、事実上の総長）H・J・ハバカク[7]の論文集をつくって翻訳することをすすめられました。この翻訳は、私のジェントルマン論の経済史上の柱をつくることになりました（『十八世紀イギリスにおける農業問題』未來社、社会科学ゼミナール、一九六七年）。

角山先生や人文研の研究会からは、世界資本主義についての知見を多く得ましたので、のちに私が「帝国とジェントルマン」という命題に行き着く大前提ができたといえます。越智先生の一六世紀を中心として、思想史の色合いの濃いジェントルマン論から、一八世紀を中心に、経済史と社会史、生活史の傾向のつよい、世界資本主義論とドッキングした私の命題に行きつく過程では、両先生の影響はたいへん大きかったと思います。

5 京都大学人文科学研究所の略。一九二九年に創設された東方文化学院京都研究所を前身とする。一九四九年に、日本部・東方部・西洋部からなる新人文研が誕生し、二〇〇〇年に二研究部に再編成された。

6 飯沼二郎（一九一八－二〇〇五）農業経済学者、京都大学教授。代表作に『飯沼二郎著作集』全五巻、未來社、一九九四など。

7 ハバカク（Sir John Habakkuk, 1915-2002）イギリス経済史家、オックスフォード大学教授。代表作に *Marriage, Debt and the Estates System: English Landownership 1650-1950*, Oxford, 1994.

3 「越智研」での研鑽の日々

越智先生と大塚史学

――越智先生は、トーニーの『一六世紀の農業問題』という本を暗唱されていました。先生が六五歳のころだったと思うんですが、大学院の授業のときにラテン語でいきなり黒板に書き出すんです。「うわーっ、この人、ラテン語ができるんだ」と思ったらそうじゃなくて、その一節を丸々暗記している。若い頃は文章をほとんどそらんじていたとおっしゃいました。今の人って、そこまで一冊の本に入れ込まないでしょう。

川北　入れ込まないですね。それはもう全然違うと思います。越智先生は、岩波文庫でトーニーの共訳を出しておられた出口勇蔵先生[1]に本の読み方みたいなものを習われたんじゃないかと思うんです。僕らも、越智先生からそういう

1出口勇蔵（一九〇九－二〇〇三）経済思想史家、京都大学教授。代表作に『経済学と歴史意識』弘文堂、一九四三など。

本の読み方というか、翻訳の仕方とか、それはかなり教わりました。越智先生にはあんまり厳しくされたことってないと思うんだけれども、それでも翻訳のことはかなり徹底的にやられた。だから、翻訳の技術みたいなものだけは、僕も若い人に伝えられるかなというふうには思っています。越智先生は、それはすごかった。トーニーはものすごく名文家だと言われていたんだけれども、その名文は越智先生の名文と同じようなところがあって、じっさいにはすごく難しいんだよね。

——正直言って、よくわからないんですよ。

川北　トーニーの文章は本当に難しいです。フィッシャーは、まったく反対で、すごくクリアな散文なんだけれども、トーニーは難しい。

——今の英語より難しいですよね。

川北　それはそうです。トーニーを読んだという人がいると本当かなと思うぐらいトーニーの英語は難しい。

越智先生の意見としては、要するに、大塚史学[2]の人たちは基本的にはトーニーをまともに読んでいないという、そこは一番言いたいところのひとつではあったと思うんです。ピューリタニズムの問題はまた別ですけれども。越智

2 東京大学経済学部教授であった大塚久雄（一九〇七－一九九六）を中心とする歴史学。近代的社会の形成には、合理的志向をもつ自立的な市民の誕生が欠かせないとし、その典型的事例をイギリスに求めた。比較経済史学とも呼ばれる。

先生の理解では、トーニーの『農業問題』は、有名な論文「ジェントリの勃興」（浜林正夫訳『ジェントリの勃興』未來社、社会科学ゼミナール、一九五七年所収）と対をなす著作である、ということでした。後者が、角山先生などのいわゆるジェントリ資本家[3]の台頭を示唆しているのに対して、前者、つまり『農業問題』は、小農民の大半が、囲い込みによってプロレタリア化したことを証明しているのだ、ということでした。つまり、全体としてトーニーの業績は、大塚史学でいうような産業資本主義の台頭を証明するものではなく、「ジェントルマン資本家」とプロレタリアの出現を分析したものだということでした。この見方は、角山先生やほかのいわゆるジェントリ論者に共通のものでした。越智先生も、角山先生も踏み込まれなかったことをいえば、この「ジェントルマン（ジェントリ）資本」とでもいうべき存在こそ、一九六〇年代以降、私のいう「イギリス衰退論争[4]」の中心課題となることがらです。イギリスは、けっして大塚史学で想定されたような「典型的」で、「純粋培養的」な産業資本主義の国などではなくて、まさに「ジェントルマン資本主義」の国であったということは、二〇世紀末の学界では、ほぼ世界的な通説となりました。

――越智先生といえば、英語の発音が非常に上手でしたね。こんなことをい

3「初期資本」という言い方もなされた。いずれも、地主的な資本家のこと

4イギリスは果たして衰退したのかどうかをめぐる論争。イギリスは衰退したというイメージが強いが、本当にそうだったのかという論争であり、多数の歴史家がこれに関係した。コラム「イギリス衰退論」（六七頁）参照。

う と他の先生方に失礼なのですが、大学に入って、西洋史の先生方の英語の発音のひどさというか、無頓着さには正直驚いていたんです。四回生のときに越智先生の授業で発音を聞き、大学の西洋史の先生で、本当に発音が上手な先生に初めて会ったという気がしました。

川北　そう、上手でしたね。

――たとえば、ヨークシャーの「Hull」という地名はとても発音が難しいけれども、ちゃんと発音されていましたものね。

川北　「Hull」は難しい。これは難しい。僕は絶対に通じないと思っているから、向こうの人に言うときには、正式の名前が「Kingston upon Hull」なので、きちんと「キングストン・アポン・ハル」というふうに発音しています。すごくモタモタしているけれども、そう言わないと通じさせるのが大変だから。越智先生なら大丈夫だったかもしれないですが。

――当時の人としてはすごく発音が上手でしたね。今でも、あのぐらい上手な発音の人ってかなり少ないと思います。愛媛県から京大に進学されて、みんな英語はよく読めるけれども、発音が下手なのに驚いたとおっしゃっていました。旧制今治中学で齋藤秀三郎先生[5]の教え子で、非常に発音が上手な先生に習

5 齋藤秀三郎（一八六六―一九二九）明治・大正期の日本を代表する英語学者。正則英語学校を創設し、英語教育を行う。代表作に『斎藤和英大辞典』一九二八、復刻版、名著普及会、一九七九など。

ったのがよかったということでした。京大では、autumnを「オートムン」と発音する同級生がいたとか。そもそも当時は外国人と話す、つまり会話をする必要がなかったから発音にこだわる必要もなかったのでしょうが、それにしても、今でもあのくらい発音の上手な先生は、あまりいらっしゃらないのではないでしょうか。

川北　いない。だから、英語そのもののことも、越智先生にはかなり言われました。そんなに珍しいものでもないけれども、スクラブルというマージャンの牌のようなものを並べてクロスワードをつくるゲームがあります。イギリス人はクロスワードがすごく好きですから、そういうゲームがあるんですが、それを先生が留学で買ってこられて、われわれ弟子が先生宅にお邪魔すると必ずやらされるんです。それが嫌だから、なるべくそういう流れにならないようにするんです。越智先生は、単語を一つ覚えると、それは一〇円だか二〇円だかになると思ったほうがいいとか言っておられましたね。どこかの野球の監督の言葉の引き写しかもしれませんが。

学生時代の生活

――その当時の京大の雰囲気はどんな感じだったのでしょうか。七〇年安保の前と後ではどこでも違ったと思うんですけれども。

川北　ああ、それは全然違いますね。

――そのあたりの雰囲気というのは、私どもにはよくわかりません。まだ、京都に市電が走っていて、立命館が衣笠に移転する前ですから。立命館はいまや滋賀のキャンパスの方が学生が多く、同志社も京田辺キャンパスに多くの学部があります。しかし、七〇年代中頃までは、京大も同志社も立命館もわりと近いところにあったんですね。この三つの大学でひとつの大学町を形成していたと言ってもよいのではないでしょうか。下宿というのがまったく本当の下宿で、今の学生だったらたぶん信じられないでしょうが、間借りというのが当たり前の時代ですね。電話は大家さんのところにあったんですか。

川北　いえいえ、電話がないところもたくさんありました。名簿を見ても、電話番号のところに「呼」と書いてあるのがたくさんあって、隣の家の電話番号とかを書

京大時計台前にて卒業記念写真。
左端が川北

くのが普通だったんです。呼び出しというのでね、「呼」と書いてあるのは自分のうちの電話ではないんです。僕らが高校から大学のはじめぐらいの名簿を見ると、みんなそれがあります。自分のうちに電話がある人は、商売でもしていない限りはなかったでしょうね。当時はみんな電報だったんですよ。外国へ行くというようなことは、当時なかなかなかったけれども、そういう場合でも、たとえばどの飛行機で帰るとか、みんな電報で知らせたんです。

ずっとあとですけれども、ヨーロッパへ行くときは電報の打ち方を習いました。電報は一語ごとにお金がかかるから、日本語で打つときは全部ローマ字で続けたら一語でいけるというふうに……嘘です。嘘ですけど、何も知らんかったですね（笑）。

下宿の事情は、それはもうまったく違いました。大学の雰囲気も非常に違ったと思います。京都駅から京大まで市電でガタガタ二五分ぐらいかかるような時代で、僕らのころは、学生はみんな下駄を履いていました。下駄を履いて夜の町をカランカランと歩くというのがまだありました。

だいたい下宿屋というと、数人入っているのが普通で、部屋と部屋の仕切りはふすまか障子です。僕は二回生のときから京都に住みはじめましたが、生活が貧しかったから、家庭教師をしていました。家庭教師の生徒のなかには、のちに有名な女優になった野川由美子さんもいました。彼女を三年間教えていましたが、隣の部屋のやつが障子にいっぱい穴をあけて覗いていましたね。

下宿というものはどういうわけか、今でもそうなのかもしれないけれども、わりあいしばしば変わるもので、僕自身はそんなには変わらなかったんですが、それでも学部・大学と合わせて三つ、四つは変わりました。友達のなかにはずいぶん変わる人もいて、友達の平川君の下宿探しに一緒に行きましたね。友達が百万遍のお寺に下宿をさせてくれと言ったら「うちは尼寺です」と言って怒られたとか。

――先ほど、「下駄を履いて」とおっしゃいましたが、なぜ当時は下駄だったんですか。

川北　角帽を被っていましたから、下駄は普通です。靴というものは、今と事情が違うんです。靴は、どんな貧乏学生でも生協であつらえるものだったんです。あのころの靴は、型を取ってもらってつくるんです。靴底がすり減ってきたら貼り替えて、金《かね》を打ってね。

――オーダー・メイドしかなかったんですね。レディ・メイドは全然ないんですか。

川北　そうそう、レディ・メイドは全然ない。レディ・メイドがなかったから、僕なんかは逆に楽だったんです。僕は足が大きかったけど、下駄なら関係ない。普段は、みんな下駄を履いていましたから。一番困るのは下着なんです。下着は、今でもすごく困ります。下着のオーダーなんてできないから。

「越智研」の実際

川北　僕らが学部生のときから越智研《おちけん》[1]がはじまりました。越智研は毎週土曜日に越智先生のお宅にみんなでお邪魔するのですが、いつも遅くなって日曜の朝になっちゃうんです。下宿している人間はなかなか帰りづらいところもあって、まえにお話した平川君の下宿は大丈夫だと言うから、みんなで彼の下宿へ帰ったことがあるんです。真如堂あたりの下宿でした。もちろん完全に締まってしまっているんですが、隣の家に電信柱があって、電柱を登って、隣の家から二階の下宿へ入った。みんな彼の部屋で寝て朝になったんだけれども、寝るのが遅かったから、起きたころには一階の人たちはみんな起きてしまっていてね。だから、履き物を持って降りてはいけない。それならまた来たところから

1　京都大学の越智武臣先生宅に集まって勉強をした人々を総称する言葉。

降りたらいいと。電柱を降りている途中で見つかって、騒ぎになりました。

——越智研というのは、名前は非常に有名なんですが、私どもも、その実態はよく存じません。

川北　越智先生の研究会は、村岡健次さん[2]が大学院の一番上ぐらいで、鈴木利章さん[3]がドクターに入ったころからです。鈴木さんは、修士課程まではドイツ中世史をやっておられたので、修士課程のあとでイギリス史に転向した人ですね。僕の学年は、さきに言ったように西洋史専攻がたくさんいまして、イギリス史だけでも、私のほかに平川君とＮＨＫにはいった萩野君がいました。イタリア史やフランス史の人までが集まって越智先生の家で研究会をやろうかということになったわけで、浅田実さん[4]は初期からのメンバーですし、のちには河村貞枝さん[5]、朝治啓三さん[6]、川島昭夫さん[7]なども参加しました。

越智先生がそろそろ主著のまとめにかかっておられるころで、ものすごく脂が乗っていたころです。われわれの学生時代というのは、越智先生が一番元気だったときで、一番いいときに当たったと思うんです。とくに国民文化論というか、ジェントルマン文化論をやっておられたときなので、毎週講義がすごく楽しみでしたし、何をどう読んで、どう考えておられるというような裏の事情

2 村岡健次（一九三五－）イギリス近代史家、和歌山大学名誉教授。代表作に『ヴィクトリア時代の政治と社会』ミネルヴァ書房、一九八〇など。

3 鈴木利章（一九三七－）イギリス中世史家、神戸大学名誉教授。代表作に『デーンロー地帯とノルマン征服』神戸市外国語大学研究叢書、一九七二など。

4 浅田実（一九三三－）イギリス近世史家、創価大学名誉教授。代表作に『産業革命と東インド貿易』法律文化社、一九八四など。

5 河村貞枝（一九四三－）イギリ近代史家、京都府立大学名誉教授。代表作に『イギリス近代フェミニズム運動の歴史像』明石書店、二〇〇一など。

6 朝治啓三（一九四八－）イギリス中世史家、関西大学教授。代表作

が研究会へ行くとみんなわかったんです。

研究会自体は、発表も相互にしましたけれども、何か読もうかということで、H・バターフィールドを読んで、あとでちょっと小さい翻訳が出ました。[8] それから、僕はあんまり入っていなかったんだけれども、萩野君とか平川君とかは、別に学部の学生だけでトレヴェリアン[9]を読もうというので、ちょっと読みかけていたりしたと思います。どこまで読んだかは、僕もよく知らないんですが。

——今考えれば、トレヴェリアンを原文で読もうと思うこと自体がすごいですね。あんなに難しい本を。

川北　平川君というのは有斐閣の編集者になりましたけれども、平川君も萩野君もイギリス中世史をやりたいと言っていた人たちです。とくに平川君というのは研究者肌のものすごい人で、授業はあまり出てこないけれど、英語がすごくできましたね。研究社の中辞典の新しい版が出たときに端から全部読んで、間違いを数カ所発見した。それでボールペンをもらったと言って威張っていたぐらいです。だから、英語の時間なんて本当に授業に出てこない。それで試験の二週間ぐらい前に来て、「テキストは何?」とか言うんです。研究者になっていればすごかったと思いますよ。

に『シモン・ド・モンフォールの乱』京都大学学術出版会、二〇〇三など。

7 川島昭夫（一九五〇－）イギリス近世史家、京都大学教授。代表作に『植物と市民の文化』山川出版社、一九九九など。

8 ハーバート・バターフィールド著／越智武臣ほか訳『ウィッグ史観批判』未來社、一九六七。歴史の進歩を前提とする歴史観を批判した著。

9 トレヴェリアン（George Macaulay Trevelyan, 1876-1962）イギリスの歴史家、ウィッグ史観に立つ。ケンブリッジ大学教授。代表作に『イギリス史』全三巻、みすず書房、一九七三－七五などがある。

そんな人たちがたくさんいたので、越智先生の奥さんもすごく大変だっただろうなと思うけれどもね。毎週、土曜日の晩に来て日曜の朝になっちゃうわけだから。先生は家族のことなんか放ったらかしだし。

——越智先生はご長男が生まれることを忘れていたそうです。家へ帰ったら生まれていたんでびっくりしたという。今だったら離婚されると思います。でも、当時は、べつに珍しいということではなかったかもしれません。

川北　そうですね。

——私は越智先生のことは当然尊敬しているんですが、奥さんのことはもっと尊敬しているんですよ、本当に。

川北　まだ戦後の雰囲気が抜けないころに、越智先生は神戸から船で、単身、在外研究にでられたので、ずっとあとで聞いたんですけれども、奥さんは何十年経っても夢を見ると言っておられましたね。「またお父ちゃんがイギリスへ行ってしまう」と。やはりすごく大変だったみたいです。なにしろ、神戸の港では、水盃のようなことをしたと、先生の同級生、中村賢二郎先生[10]から聞

越智研同窓会（1992年）。前列中央、越智武臣先生。向かって左端に村岡健次さん、右端に中山章君。後列左から鈴木利章さん、朝治啓三君、井ノ瀬久美恵さん、松浦京子さん、川島昭夫君

10 中村賢二郎（一九二五－）ドイツ近世史家、京都大学名誉教授。代表作に『宗教改革と国家』ミネルヴァ書房、一九七六など。

いたように思います。「洋行」の雰囲気がなお、色濃く残っていたようです。それにしても、越智先生のお宅には、われわれがどんどん押しかけていくので、先生は客が来てくれるのがすごく好きな人だったから大歓迎なんだけれども、奥さんは大変だったと思います。

——そうですよね。そのころ越智先生はおいくつぐらいでしたか。たしか、お子さんが三人いらっしゃいますね。

川北　四〇歳にまだなっておられなかったでしょうね。僕は、子どもさんたちのことは本当に小さいときからよく知っていますが、息子さんにはずっとあだ名をつけられていました。僕は長身で、細くて顎も尖っていたので、「エイトマン」[11]とずっと言われていました。エイトマンといっても、若い人はわからないでしょうけど。

研究室の雰囲気——助手が「天皇」だった時代

——研究室の雰囲気というのは、大学によっていろいろ違うと思うんですが、とくに、当時は助手[1]がいたことが大きいですね。これは、戦後の一時期までの国立大学の重要な点だと思います。

11 TBS系のテレビで一九六三年から六四年にかけて放映された漫画。『週刊少年マガジン』の「8マン」がもとになっている。背が高く、弾丸より速く走ることができるロボット。

1 大学における「助手」は、学校教育法上は「教授及び助教授の職務を助ける」ということを任務にしていたが、現実には理系・文系を問わず研究室の運営を行っていた。

川北　それは、非常に大きなことだと思います。研究室に助手がいなくなってから、私たちが知っているような研究室の雰囲気というものはなくなったんです。私たちのころは、研究室は助手が中心だったと思うんです。学部のときは山本茂さん[2]という、シュメールの研究をされていた方にお世話になりました。この人は僕らとはちょっと年が違っていたし、京大では学部生はやたらに研究室に出入りしないことになっていましたから、お世話にはなりましたが、そんなに深いつきあいはなかった。しかし、つぎの野田宣雄さん[3]あたりからは、いろいろ教えていただきました。野田さんは、すごく頭のいい人だったと思います。そのあとが望田幸男さん[4]。われわれには望田さんの影響というのはすごく大きかったですね。

――これは後世に語り継がれそうな、いや語り伝えるべきお話なので、ぜひくわしくお伺いしたいと思います。

川北　まあ独特の人で、まず言葉遣いが教授より威張っておると（笑）。

――望田先生のときは助手の全盛時代で、助手は教授より偉かったとか。

川北　天皇のようなものでしたね。今津先生[5]がアメリカから帰ってこられたころかな、助手だった望田さんが「彼も、帰ってきてモノがまとまらんよう

2 山本茂（一九二九－）シュメール史家、京都府立大学名誉教授。

3 野田宣雄《のぶお》（一九三三－）近代ドイツ史家、京都大学名誉教授。代表作に『教養市民層からナチズムへ』名古屋大学出版会、一九八八など。

4 望田《もちだ》幸男《ゆきお》（一九三一－）近代ドイツ史家、同志社大学名誉教授。代表作に『近代ドイツの政治構造』ミネルヴァ書房、一九七二、『軍服を着る市民たち』有斐閣、一九八三など。

5 今津晃（一九一七－二〇〇三）京都大学教授、アメリカ史家。代表作に『アメリカ革命史序説』法律文化社、一九六〇、『アメリカ独立革命』至誠堂、一九六七など。

では終わりやなあ」とか言って（笑）。そのぐらいのことは平気で言っていた。私たちは、研究室では助手が一番偉いと思っていました。

――いろんな人がそう言っていますが、どこまでが本当なのかわかりませんでした。本当に助手のほうが偉かったんですね。しかし、それから助手の権限が低下していった。

川北　そうですね。大学院の同級生だった豊永泰子さん[6]とか、一年下の前川和也君とか、私などのあいだでは、「自分が助手になったら望田さんのようになりたい」というのは、もう合言葉でした。研究室では、あらゆることが望田さんの言うとおりに動いていましたから。

――午後からしか出勤しなかったという話がありますが、それは本当ですか。

川北　そうかもしれません。だけど、そういう感じはあまりしなかったんですよね。非常に上手に研究室の運営をされていて、やはり非常に管理能力が高かったんじゃないでしょうか。私が教員生活も含めてこれまでみた助手で、「助手の鏡」と思ったのは、なんと言っても望田さんですね。

――普通は、「先生、これでいいでしょうか」というふうに助手が教授に言うんでしょうが、望田助手の場合は「先生、これで決まりましたから。これで

6 豊永泰子（一九四〇－）近代ドイツ史家、元三重大学教授。代表作に『ドイツ農村におけるナチズムへの道』ミネルヴァ書房、一九九四など。

やりますので」ということだったと聞いていますが、本当なのでしょうか。

川北　そうですね。当時、井上教授、前川教授[7]、今津助教授、越智助教授、という体制だったんです。

――そして、望田天皇。

川北　うん、望田天皇かな（笑）。井上先生はちょっと外回りのことが多くて。学術会議とかもやっておられましたし、浄土真宗の布教も忙しかったはずで、まあ授業がほとんどない先生でしたので、研究室のこともたぶん任せきりだったんじゃないかと思います。

前川先生は、目の調子が良くないということもあったと思うけれども、お人柄もあって、あんまり研究室のことをどうのこうのとうるさく言う人ではなかった。そういうこともありましたが、助教授の二人の先生は、当時猛勉強をしておられました。非常に勉強家で、タイプが違いましたが、お二人ともとても授業熱心でした。そういう意味では、望田助手にいろいろなことがかかっていたのかもしれません。

――ああいうふうになりたいというのは、ある意味では正しいんですけれども、誰もなれなかったんですね。

7前川貞次郎（一九一一－二〇〇四）フランス近代史家、京都大学教授。代表作に『フランス革命史研究』創文社、一九五六など。

大学院の仲間たち。前列中央が川北、向かって右側が前川和也君。右端が豊永泰子さん

川北　そうですね。望田さんが同志社へ出られて、そのあとに小貫徹さんという古代史の人が助手になったんです。この人が穏やかな人で、いつも自己紹介で「少し抜けとおる」と言うんですが、穏やかなのんびりした人だったので、結局、研究室は、院の上級だった私と前川和也君が、かなり動かすような感じになってしまいました。下級の院生からは、煙たがられましたが。

――いくつかの大学では今でも助手がいますが、あれは任期制です。

川北　助手がいたころは、研究室は非常にアト・ホームで、批判や悪口も無茶苦茶言うんだけれども、それなりに結束が固くて、みんなでやっていこうという温かい雰囲気があった。助手の存在はもう絶対条件です。助手がいないと、いっぺんにダメになるのがわかっているんですが、だけど、助手がいたら大丈夫かというと、それは助手の資質による。ある程度権限をもった、力のある人が助手をやっていると、卒業生とかいろんな人が研究室へ来て何か話をしていく。情報センターになるので、ますます人が集まるという具合でした。

それだけに、研究室は、一日中ダべっているような感じで、それは嫌だという人もいました。研究室ではダべってばっかりで、勉強にならんとか。だけど、そのダべっていることもある種の情報なわけで、やはり情報センターとして圧倒的な存在だったのです。そこへ行って何か聞けば、日本じゅうの西洋史やその他の学問にかかわるような情報が手に入れられるというところもあったんです。それは非常に面白くてよかった。任期制で、先生にあっちへ行けと言われれば行って、何か買うてこいと言われたら買ってくるような人が助手としていても、そんな役割は全然果たせない。助手をなくす代わりに大学院生にお金を払って何か仕事をさせるとかいうのは、まあ一般的に行われたことだけれども、それはもう全然意味が違います。昔は、望田さんのように教授より威張っているようにみえる助手とかがいたわけです。楽しかったんだけれども、なくなってしまいましたね。

東大は助手が残っていますが、元からちょっと雰囲気が違うと思いますし、京大は、僕らのころはすごくそうした雰囲気があったんだけれども、平成三年だったかな、俗に「大綱化」[8]といわれている大学設置基準の緩和がなされて、いろいろ変わりました。その前後だったと思いますが、大講座にして助手をなくし、助手を教授に振り替えてしまったので、あの研究室の雰囲気が、見事になくなりました。

今は、私は京大の西洋史の研究室がどこにあるのかも知りません。連絡はもらったことはあるんだけど。昔は毎週末、近所の大学にいる卒業生が集まってきて、読書会をやっていたんです。今はそんなことはないでしょう。みんな自分の勤務する大学の仕事が忙しいというのはあるでしょうが、研究室に吸引力がないという面もあります。どこの大学も一緒ですがね。助手制度は、今さら復活はしにくいと思うけれども、惜しいですね。

――任期制の助手というのは論文執筆に忙しくなりますので、教育的な指導というような点では、どうしてもおろそかになってしまうんですよね。

川北　そうですね。

8 大学設置基準が一九九一年に改訂され、一般教育と専門教育の区分、一般教育内の科目区分（一般［人文・社会・自然］、外国語、保健体育）が廃止された）。各大学は独自に学部編成を行えるが、研究教育活動への自己評価・自己点検をすることを求められた。一般に、教養教育が軽視されるきっかけになったとされる。

コラム　イギリス衰退論

一九世紀中頃以降、いわゆるヴィクトリア中期のイギリスは、近代世界システムのヘゲモニーを握りました。イギリスだけが工業化に成功している状況ゆえに、自由貿易政策による競争で、簡単に世界の市場を握れたのです。幕末・明治以来、日本人のイギリス・イメージは、このことを背景に「七つの海を支配し」、大繁栄する「大英帝国」のそれとして定着してきました。イギリス人自身についても似たような傾向があり、世界中で英語が通じ、イギリスの規範が世界の規範だと考えがちでした。

しかし、一八七三年にはじまった「大不況」を契機に、イギリス人の自信には、多少の揺らぎがみられるようになりました。ドイツやアメリカ合衆国が、重化学工業を中心に、いわゆる「第二次産業革命」に成功したのに対して、工業の革新に遅れをとったイギリスは、商品貿易の貿易収支では大きな赤字をもちつつ、それを海運、保険、金融などのサービスの圧倒的な黒字でカヴァーする国家となっていきました。資産の貸し賃で生活をするというジェントルマンの生き方は、そのままイギリス国民経済の特質となったのです。「世界の工場」としてのイギリスの寿命は、予想以上に短かったのです。

こうして、イギリス人のあいだでは、親近感の強かったアメリカ合衆国のことはともかく、「ドイツの脅威」は深刻に受け止められ、製造業保護のための帝国特恵関税を求めるチェンバレン派の動きも活発になりました。近代的な「イギリス衰退論」のはじまりです。もっと古い時代にも、「イギリスの危機」が叫ばれたことは、何度かあります。たとえば、一八世紀には、イギリスの三倍の人口をもつフランスとのヘゲモニー争いのなかで、イギリスの人口が減少しつつあるのではないかという懸念から、労働力や兵力などのマン・パワーの不足を声高に叫ぶ人びともいました。しかし、現代に続く危機論としては、一九世紀末のものが最初でした。

衰退論の台頭

ところで、イギリス衰退論が圧倒的な力をもち、現実の政治家や歴史家を動かすようになったのは、一九六〇年代からのことです。

歴史学の世界では、戦後、マルクス主義史学をひっさげて登場したクリストファー・ヒル[1]の市民革命論が、日本にも決定的な影響をあたえ、一七世紀中ごろの内戦（The Civil War）と名誉革命をもって、「イギリス市民革命」とみなす歴史観が有力になりました。とくに日本では、前者が「ピューリタン革命」とよばれて異常なほど重視され、いまだに教科書にも定着しています。

しかし、「内戦」＝「ピューリタン革命」＝「世界で最初の市民革命」という等

1ヒル（Christopher Hill, 1912-2003）イギリスの歴史家。マルクス主義思想にもとづくピューリタン革命史の研究で知られる。代表作に『イギリス革命――一六四〇年』創文社、一九五六など。

式は、イギリスの「先進性」を示すために描かれた図式でしたので、二〇世紀後半のイギリスが、アメリカはもとより、敗戦国のドイツや日本にくらべてさえ、経済成長率が低く、なぜ低迷、つまり衰退しているのか、という問題が提出されてみると、その虚構性が一気に判明しました。そこで、一九六〇年代、ペリー・アンダソン[2]など新左翼系の歴史家のあいだでは、「イギリス市民革命」の不徹底さを指摘する声が大きくなりました。[3]

アンダソンたちの見方には、前提がありました。いわゆる「ピューリタン革命」には、資本＝賃労働関係を生み出すような変化はほとんどみられず、革命派と王党派には、社会的背景に特段の差異もなく、ただ、各種のコネクションによる集団であったにすぎないことは、すでに、ヒルらと対決した保守派の歴史家たちによって実証されていました。また、「ピューリタン革命」前のイギリスについては、トーニー学派によって、「ジェントリの勃興」が指摘されていました。ヒルや日本の歴史家が考えた「市民革命」の前史は、産業資本家の勃興期などではなく、地主的な性格のジェントリの勃興期だったというわけです。

こうして、アンダソンたちにとっては、これまで「イギリス市民革命」とされてきたものは、かりに市民革命であったとしても、明確なブルジョワが権力を握ったのではなく、地主的なジェントルマン――貴族とジェントリの総称――による政権の成立を意味したにすぎないとされました。ブルジョワの権力を確立したフランス

2 アンダソン (Perry Anderson, 1938) 左翼系のイギリスの歴史家。カリフォルニア大学ロサンゼルス校教授。代表作に『西欧マルクス主義』新評論、一九七九など。

3 「現代イギリスの危機の諸起源」(P・アンダーソン、R・ブラックバーン／佐藤昇訳『ニューレフトの思想』河出書房新社、一九六八年)

革命などとは、まったく違う「早すぎた革命」であり、そこで出てくるのは、「古風な」あるいは「未発達な」ブルジョワ――いわゆる改良派地主――にすぎなかったとしました。このような理解は、日本でも、一八世紀のイギリスを「地主王政」ととらえた飯沼二郎先生や角山榮先生など、京大人文科学研究所のグループのあいだでは、すでにいわれはじめていることでもありました。

ともあれ、この意味で、「現代イギリスの危機の諸起源」と題するアンダソンの論文は、衝撃的でした。その後、日本では、「市民革命」とされてきたものの前後におけるジェントルマン支配の継続性を徹底的に主張した業績として、私の高校の後輩にあたる水谷三公さん[4]の書物が出ました。

早熟すぎた産業革命

とはいえ、イギリス衰退論は、左翼の専売特許では毛頭なく、むしろ右よりのコレリ・バーネットらによっても唱えられましたし[5]、一九七〇年代になると、さまざまな立場から、また、言論界、政界を含めてあらゆる方面で共通の話題となりました。そこでは、「市民革命」のみならず、「産業革命」もまた、イギリスでは「古風な」、軽工業を中心とするかたちで進められたため、一九世紀末、ドイツやアメリカの第二次産業革命についていけなかったとする理解がひろがりました。世界に冠たる「産業革命の故郷」は、古ぼけた斜陽産業の国になりはてたというわけです。

4 水谷三公《みつひろ》（一九四四－）政治学者、國學院大學教授。代表作に『英国貴族と近代――持続する統治 一六四〇－一八八〇』東京大学出版会、一九八七など。

5 C. Barnet, *The Collapse of British Power*, London, 1972.

あるいは、こうも考えられます。イギリス型の産業革命に対して、ドイツやアメリカ型の産業革命というものがあった。イギリスのそれは、市民革命同様、早く起こり過ぎたために、きわめて不徹底な、軽工業中心のものとならざるをえなかった、と。

「イギリスはなぜ衰退したのか」という問題に、歴史学的に答えるという作業は、その後も続きました。とくに、私とほぼ同年代のマーティン・ウィーナーというアメリカ人史家のベストセラー、『英国産業精神の衰退――文化的批判』（原剛訳、勁草書房、一九七四年）が出て、いっきょに人口に膾炙しました。この本は、要するに、トーニー学派の指摘したジェントルマンの支配が、二〇世紀後半にまで継続したことが、イギリス衰退の原因であると強硬に主張したものです。問題は、「ジェントルマン」を理想像とし、実業家を低くみるイギリスの価値観にあるというわけです。イギリスの「国民文化」の基礎が「ジェントルマンの理想」にあることは、わが師、越智武臣先生の主著『近代英国の起源』のメイン・テーマでもありましたので、ウィーナーの議論は、私にとってはごくわかりやすい議論でした。それにしても、あとでわかったことですが、ウィーナーは、ほぼ私と同じ時期に、同じロンドンでこの研究を進めていたわけですので、同じ外国人として、イギリスの現状に、同様の印象をもったのだということがわかります。

イギリス衰退論争のきわめて多岐にわたる論点については、拙訳『経済衰退の歴

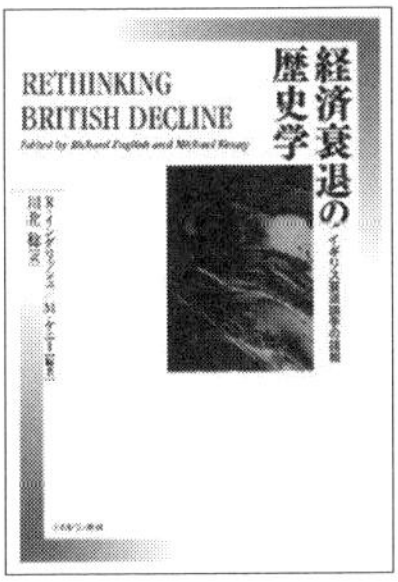

史学』（ケニー／イングリッシュ編、ミネルヴァ書房、二〇〇八年）をみていただきたいと思いますが、こうした議論が、いわゆるサッチャー改革の論拠となったことだけは指摘しておくべきでしょうし、近年は、「衰退不在」説[6]とでもいうべき議論が多くなっていることにも触れておくべきでしょう。ただ、私自身は、いまやイギリスには、かつて「パクス・ブリタニカ」を実現したヘゲモニー国家の面影がないことは明白だと思います。「衰退の不在」というのは、「大英帝国」の栄光などというものを一日も早く忘れて、列強の一国としての安定した地位に戻りたいという衝動の表れのようにも思われます。

イギリス史の研究にとって、この論争で強調されたひとつの興味深い点は、イギリス経済が、ジェントルマン的なシティ（ロンドン）と中・北部の工業地帯とに分断されてきたということです。「二つのイギリス」の問題は、地質の違いからはじまって、昔からよく知られていることでもありますが、世界に誇るべきシティの金融界が、サッチャーのビッグバンによって、息を吹き返し、とりあえずの繁栄を取り戻しているにもかかわらず、イギリスの製造工業が回復することがなかったのは、このためだともいえます。シティの大銀行は、すくなくとも直接、中・北部の製造業をファイナンスすることはなく、かれらは産業革命以前から、「外部世界」に向かっていたということです。シティの繁栄が、外国人の活動を盛んにするだけで、イギリス国民経済の活性化につながらない「ウィンブルドン現象」[7]は、何もサッチャ

6 本書一七七頁、脚注参照。
7 市場開放が原因で外資系企業により国内系企業が淘汰されてしまうことをいう。サッチャーの金融自由化によってシティの活動は活発化したが、そこで活躍するのはほとんどが外国人であった。ウィンブルドンは全英選手権大会が開催されるテニスの聖地だが、イギリス人選手がこの大会で優勝したことがない。

ャー以後にはじまったことではないのです。

ジェントルマン資本主義論

このことは、イギリスでは、バーミンガム大学にいた二人の歴史家、ケイン[8]とホプキンズ[9]によって、イギリス資本主義、あるいはとくにイギリス帝国主義を「ジェントルマン資本主義」と定義づけるかたちで、強調されました。

一九七三年のＥＣへの加盟や、サッチャー改革を経て、イギリス社会も急速な変化をみせています。したがって、二一世紀がすすむにつれて、イギリス史の研究にも、さらに新しい方向性を見出す必要があると思います。ただ、その際、朝野をあげて戦わされた「イギリス衰退論争」を振り返り、整理することが、その第一歩になることは間違いありません。歴史学は、たんなる過去の探究ではありませんし、一点に留まっていてよいものでもありません。

8本書一三三頁、脚注参照。
9本書一八九頁、脚注参照。

II　計量経済史を拓く

4　計量経済史の開拓

計量経済史と地主への関心

――イギリス史を専攻するようになって大学院に進学されたのが一九六三年ですね。先生の業績から推察しますと、このころは基本的には計量経済史ですね。

川北　まあ入ったころはね。

――同時に地主への関心もずっともたれていた。なぜ計量経済史をはじめようというふうに思われたのでしょうか。

川北　フィッシャーとかサプルとかを読みはじめたことが大きいですね。当時、一番ベースになっていたのは『エコノミック・ヒストリー・レビュー』です。基本的に、そこに載っている論文は全部読むぐらいの感じで読んでいったわけですが、ちょうどイギリスの学界もそのころ、のちのいわゆる「quantitative economic history」とはちょっと違うんですが、成長経済学的なものが圧倒的に多くなっていましたから、そのあたりに関心がありました。『アナール』[1]もそのころかなり計量化していました。いつも言っているように、アナール学派の第三世代とかいうけれども、第二世代と第三世代のあいだにすごく計量化した時期があったんですね。僕はそういうことをやっていたから、他の人から聞かれることもありました。たとえば、オランダ史をやっておられた川口博先生[2]という越智先生とあまり変わらない世代の先生が、「オランダ史の論文が『アナール』に載ってるんだけど、読んでもわけがわからんし、読んでみてくれませんか」と言ってこられたことがありました。その論文もやはり計量モデルのようなものを使った論文だったんです。

　今の人は知らないかもしれませんが、『アナール』もそういうふうになっていた時期があるわけです。アナールだけでなく、西洋の経済史学界全体がそっちの方向へ行っていたし、理由はわからないけれども、それが僕の体質にはすごく合ったんです。成長経済学的な論文を読むのは、非常に楽しかった。

――今の計量よりは、ずっと人間的というんでしょうか……。

1 フランスの歴史雑誌。一九二九年にフランス史家のリュシアン・フェーヴルとマルク・ブロックにより一九二九年に『社会経済史年報（*Annales d'histoire economique et sociale*）』として創刊され、今日にいたる。コラム「ブローデルとウォーラーステイン」（一四三頁）参照。

2 川口博（一九二六－）オランダ史家、静岡大学名誉教授。代表作『身分制国家とネーデルランドの反乱』彩流社、一九九五など。

川北　そうそう。

――六〇年代から七〇年代にかけては、普通の人でもわかるような感じでしたね。

川北　たんなる成長経済学から、雑誌『QEH（計量経済史）』などが出るようになって、「クリオメトリックス」とも呼ばれるようになってくると、僕は嫌になったんです。あれはあまりにも現実離れしているというか、現実はもう放ったらかして、数字だけで議論を展開していくような話になっていますから。数字のちょっとした違いというのは、実際は、データの取り方ひとつでも変わってしまうし、あるいは一番元のところへかえれば、大して意味がない違いであったかもしれない。それなのに、結果の数字だけを細かく議論しているという雰囲気がすごく嫌になってね。

――八〇年代あたりからとくにそういう傾向があって、『エコノミック・ヒストリー・レビュー』もずいぶん読まれなくなっているんじゃないかと思うんです。経済史の力がなくなってきたのもそれからでしょうか。昔は普通の歴史家が読んでもわかる経済史だったのが、今は専門家でないとわからない。これでは、経済史が衰退するのは無理はないと思います。

川北　うん、そうだと思われますね。

――その計量経済史とともに、先生たちはずっと地主のことにこだわって研究されていますけれども、これはどういうことですか。

川北　地主の問題は、ひとつは越智先生の「ジェントルマン論」とのつながりがあります。ただ、僕らの学生時代には、越智先生は「地主論」ということはやっておられなかった。つまり、農村の経営者としてのジェントルマンみたいな話はあまりしておられなかった。それは角山先生がしておられた。角山先生の「ジェントルマン資本主義」みたいな議論。これがひとつ。

だけど、直接的に地主のことに関心をもったのは、先にも触れたように、人文研[3]におられた飯沼二郎先生にハバカク[4]の論文を翻訳しないかと言われて、人文研の世界資本主義の研究会に参加したときです。この研究会は、もともと市民革命とか産業革命とかの研究会だったのですが、大学院生のころかな、端のほうで座らせてもらっていて飯沼先生とかともつながりができました。飯沼先生に翻訳しないかと言われて、それじゃあということで、ハバカクの雑誌論文を四つほど集めて、未來社から「社会科学ゼミナール」の一冊として『十八世紀イギリスにおける農業問題』（一九六七年）を出したんです。あの翻訳をやっ

3　本書四七頁、脚注参照。
4　本書四七頁、脚注参照。

て地主に関心をもつようになったんだと思います。

――ハバカクが本を出したのは、八〇歳近いときでしたね。あまりに唐突に出たので、遺稿集が上梓されたと勘違いした人もいました。

川北　ああ、そうですか。ハバカク先生は大先生で、一番有名な論文が私の翻訳に入っていますけれども、「注」が一切ないんです。フィッシャーどころではありません。最初に、イギリスの真ん中にあたる「ノーサンプトンシアとベドフォードシアという二つの州の史料を使って書きました」とあるだけなんです。これが通るなら楽やなと思ったものです。

でもハバカクは、日本ではその当時はほとんど評価されていませんでした。そのころ日本では吉岡昭彦先生[5]などの地主論があったわけですけれども、ハバカクはほとんど紹介されていませんでした。多少関心をもっている人がいたとしても、それは地主制の問題としてしか関心がなかったわけです。ハバカク先生はすごく幅の広い人で、ご存じのとおり、一九世紀のイギリスとアメリカの技術革新の比較とかもやっていましたし、人口史もやっていました。それから、地主とも関係があるんだけれども、土地市場の問題から、利子率などの問題もとりあげていました。イギリスの土地の価格は、「〇〇年買い」という表記で

5吉岡昭彦（一九二七－二〇〇一）イギリス経済史家、東北大学教授。代表作に『イギリス地主制の研究』未來社、一九六七、『近代イギリス経済史』岩波書店、一九八一など。

表されます。その土地の定められた地代の何年分かということです。だから、たとえば、「二〇年買い」といえば、地代が土地の時価の二〇分の一にあたるということで、利子率に換算すると、五パーセントということになるのです。だから、ハバカクから地主のことに関心はもったけれども、そこから広がってやれたことってすごくあります。ヨーロッパの貴族の比較研究の論集にハバカクが寄稿したものが私の翻訳に入っているんですが、あれはまさに地主というものをジェントルマンとして見ていくときの橋渡しになっていきました。

考えてみると、何かひとつ翻訳をやって、その翻訳が新しい分野を切り開くというか、自分にとって新しいところが見えてくるというところがありますね。僕はたくさん翻訳をやっているんですが、そのなかのかなりのものについては、そういうことがあって、ハバカクはそれの最初だと思うんです。

――たしかに翻訳をしますと、私の乏しい経験でも、終わってから自分が別人になったような気がしました。

川北　そうです、本当にそうです。

『西洋史学』への初投稿

——大学院で修士のときに、ディーンとコールが書いた British Economic Growth, 1688-1959: Trends and Structure[1]の書評をされていますよね。大学院生のときになぜこんな書評ができたのか、正直不思議でたまらない。どうやって勉強されたのだろうと驚きました。

川北　あれは修士課程二回生のときです。記憶では、成長経済学みたいなことに関心をもちはじめていましたから、あの本を買ってパラパラと読んでいたんです。あのころは『西洋史学』[2]が京大で編集されていました。でも、内情を言うとかなり危機的な状態で、つまり、教授のお二人はあまり関心をもたない、助教授の人たちも忙しくて、『西洋史学』は、事実上、助手と大学院生が動かしていたわけです。人文研の会田雄次先生[3]が責任者でしたが、先生も、もう評論家としての仕事が忙しくて、そういう雑誌にはほとんど関心がない。それで、まあ君たち勝手にやっておけというような感じだったんです。だから、助手だった望田さんが動かしていたような時期があったわけです。

それで、予定していた原稿がなかなか出てこないとかいうことがあると、大学院生が適当に書評を書けという話になって、突然「おまえ、来週までに書い

1 Phyllis Deane and W. A. Cole, *British Economic Growth, 1688-1959: Trends and Structure*, Cambridge, 1962.

2 『西洋史学』一九四八年創刊。日本を代表する西洋史の雑誌。

3 会田雄次（一九一六－九七）イタリア・ルネサンスの研究者・評論家。京都大学教授。代表作に『アーロン収容所』中公新書、一九六二など。

てこい」と言われた（笑）。なんで僕が、と思ったんだけれども、とりあえず *British Economic Growth* を読んでいたので、これを取り上げることにしたんです。これは、論文を一つ書くよりも大変でした。ご存じのとおり、あれは画期的な本でしたから。それに、経済学的に画期的だった本を『西洋史学』で取り上げるというのは、これもまあ画期的なことだったかもしれないけれども、本当は穴埋めみたいな話だったんです。今の大学院の人に、来週までに横文字の本を一冊、書評を書いてこいと言ったって、書かないでしょうね。いまは、皆さん、慎重でもあるし。

――あの書評はおっしゃるように画期的ですね。私も大学院生のときにあの書評を読んで仰天しました。ああいう計量的なものに関する役割というのは、たとえば、ドイツとかに比べたら早いと思います。

川北　そうですね。

ブローデルはほとんど知られていなかった

――このころ、そろそろブローデル[1]の『地中海』もフランス語でお読みになっていたとか。

1　ブローデル（Fernand Braudel, 1902-1985）フランスの歴史家。代表作に『地中海』（全五巻）藤原書店、一九九一－九五、『物質文明・経済・資本主義』みすず書房、一九八五－九九など。コラム「ブローデルとウォーラーステイン」（一四三頁）参照。

川北　そうですね。要するに、アナール学派ですよね。アナール学派については、さっきも言ったように、あんまり日本では注目されなかったけれども、計量史的な論文がそのころかなり出ていた。雑誌の『アナール』は前川貞次郎先生が購読されていました。先生の研究室に置かれていたので、なかなか入りづらかったんですが、ときどき先生の部屋で見せてもらいました。『アナール』のことは前川先生が詳しくて、「君、こんなん出てるで」といって、ときどき新しい論文も教えてもらって、ブローデルの話なども少しやっていました。前川先生という人は、自分ではどの程度お読みになったかよくわからないんだけれども、文献には非常に詳しい人でしたからね。

ただ、ブローデルについて圧倒的に情報をもたらしてくださったのは阪大の豊田堯先生[2]です。豊田先生は、のちに阪大に私を呼んでくださった人です。僕が一回生のときだけ京大教養の先生で、その後、阪大に行かれたんだと思います。

豊田先生は私が大学院のころだったか、在外研究でフランスへ行かれました。奈良の今井町の大金持ちですから在外研究も桁違いで、パリでお手伝いさんを雇っていたという話のある人です。向こうの教授にバカにされないようにとい

2　豊田堯《たかし》（一九一四－二〇〇二）フランス近代史家、大阪大学教授。代表作に『バブーフとその時代――フランス革命の研究』創文社、一九五八など。

うので、濱田庄司の焼き物を送って、向こうで飾るという人でした。物の見方がちょっと変わっていて、僕は豊田先生がものすごく好きだったんですけれども、ほかの学生や若い人らは、話がしにくいというので嫌がっていました。

豊田先生は向こうでフランス人の歴史家をいろいろ眺めてきて、東京経由で普通に言われているような評価とは全然違う評価をされました。まだ大塚史学の時代ですから、日本では、フランス人で偉い先生といったら圧倒的にフランス革命史のソブール[3]でした。ソブール先生が立命館かどこかで講演をされたとき、聞きにいったというか、見にいった記憶があります。けれども、豊田先生いわく、フランスで偉いのはブローデルだと。そのころ、日本ではそんなことは言われていなかったんです。ブローデルなんて、ほとんど知られていませんでした。豊田さんは、ソブールなんか向こうではまったく論外だという話をされて、これは非常に面白かった。

東京の学界には東京の学界の評価の基準みた

左、豊田先生、右、川北（助教授時代）

3ソブール（Albert Soboul, 1914-82）フランスの歴史家。代表作に『大革命前夜のフランス——経済と社会』法政大学出版局、一九八二など。

いなものがあったと思いますが、あのころ、関西の人たちの見方というのはちょっとそれとは別で、大塚史学にかんしても受けとめ方が違っていました。これはとても面白かった。

「マル経」と「近経」の分かれ目

――川北先生の修士論文は、基本的には「成長経済史学」を志向されたと思うんです。それに関連しまして、フィッシャーが編んだトーニーの『献呈論集』[1]についてお聞きしたいと思います。この論集でフィッシャーは序文しか書いていません。こんなのありかと思ったんですが、ともあれ、一五四〇年から一六四〇年代のイギリスがなぜ経済的に不況だったのか、ということを解明するのが経済史家の役割であるというふうに書いていた箇所があります。フィッシャーは怠け者ですので、自分ではそういうことは何もしなかったわけですが、先生の修士論文ではそういうことを計量モデルでされたと理解しています。

川北　そうですね。

――しかも、それを一六世紀半ばから一七世紀半ばというところで終わらせるのではなくて、結局、産業革命まで行き着いた点に非常に大きな特徴がある

1―F. J. Fisher (ed.), *Essays in the Economic and Social History of Tudor and Stuart England: in Honour of R. H. Tawney*, Cambridge, 1961.

と思います。なおかつ、そこで人口の問題が出てきて、結局、人口の増大が経済成長を飲み込む、ストップさせるという「マルサス・サイクル」からの離脱を、イギリスが世界ではじめて実現したのは一七六〇年代だという結論を出されました。ここのところが日本の西洋史学界ではほとんど意識されていない気がします。のちに先生がされる社会史などの礎になったと思うんですが、当時、どうしてこのような研究をされたのでしょうか。

川北　向こうの人の研究がどうこうということもあるんですが、僕自身のもともとの関心が、有名人とか、上流階級とか、政治家とかにはありませんでしたから。最初に言いましたように、普通の人間が貧乏なのは大変だというところから来ているのでね。それで、普通の人がどういう生活だったのかということにずっと関心があるわけです。

日本の研究は、資本家と労働者がいかにして分かれてきたかという、マルクス主義に集中していたんだけれども、そうじゃなくて、ある種の景気変動というか、経済の発展というか、経済成長というか、そういうことのほうがより大きな意味があるかもしれない。あるいは、少なくとも資本家と労働者に分かれていくという話と同じぐらいの意味があるかもしれないというふうに思えるようになったんです。

今はこういう時代になりましたから、若い人にはわからないけれども、そこのところが、いわゆる「マル経」（マルクス経済学）と「近経」（近代経済学）の分かれ目だったわけです。そういう意味では、あの論文は非常に近経的な発想だったのだと思います。

実際、僕が修士論文を修正して出した最初の雑誌論文では「経済成長」という言葉をタイトル[2]に使っているんですが、これは日本の歴史学の論文で、たぶんはじめてだったと思います。「こんな言葉を使いやがって」と、だいぶ批判されました。というのは、「経済成長」というのは、当時の歴史学界の常識からいうと、敵性言語でしたから。だって、経済成長で一番知られるようになったのは、ロストウ[3]とかそんな人たちで、当時、右寄りと評価されていた人たちでしたので、そんな言葉を使ってはいけなかったんです。たとえば、農奴制解体論みたいなもので行くと、人口というようなことはあんまり話に入ってきていなかったわけです。荘園制の崩壊とか、封建制の危機とかいうところでは、人口のことは、多少は問題になりました。けれども、そこで人口問題なんかを取り上げていたのは、コスミンスキー[4]ではなくてポスタン[5]のほうです。ポスタ

2「一七・八世紀英国の経済成長——物価史的アプローチ」『西洋史学』六七号、一九六五。

3 ロストウ（Walt Whitman Rostow, 1916-2003）アメリカの経済学者。経済は、伝統的社会・離陸先行期・離陸（テイクオフ）・成熟化・高度大衆消費の五段階を経て発展するという「テイクオフ理論」を提唱したことで知られる。代表作に、『経済成長の諸段階——一つの非共産主義宣言』ダイヤモンド社、一九六一など。

4 コスミンスキー（Evgeniĭ Alekseevich Kosminskiĭ, 1889-1956）ソ連のイギリス史家。代表作に『イギリス封建地代の展開〔改訂版〕』未來社、一九六一など。

5 ポスタン（Michael Postan, 1898-1981）ルーマニア生まれのイギリス経済史家、ケンブリッジ大学教授。代表作に『史実と問題意識

ンというのは反共だというふうに当時は見られていましたから、コスミンスキーは偉いけれどもポスタンはあかんという話だったわけです。人口の増減というようなことも、あまり言ってはいけないことだった。むしろ、資本＝賃労働関係の展開の中で人口も変わっていくんだ、というふうに考えられていて、人口変動を独立変数的に考えると、それはマルクス主義的ではないというふうに考えられがちでした。

僕の場合、そういうことはまあ切り離して、資本＝賃労働関係とは別の要因でも変わるかもしれないと考えていこうとしたところが、新しいといえば新かったんだと思います。そんなことで、当時、歴史家はほとんど人口論をやっていなかったんです。

——当時すでに人口論をされていたんですね。ケンブリッジ・グループ[6]はできていましたか。

川北　ケンブリッジ・グループそのものは一応旗揚げしていたのかもしれないですけれども、リグリーの画期的な論文が出たのを見たのは、少しあとのことです。

——イギリス南西部にある村のコリトンを扱った論文[7]です。これは、ケンブ

——歴史的方法に関する論文集』岩波書店、一九七四など。

6 The Cambridge Group for the History of Population and Social Structure. 一九六四年、当時ケンブリッジ大学のリグリー（Edward Anthony Wrigley, 1931-）とラスレット（Peter Laslett, 1915-2001）によって創設された、家族史・家族構造を研究するグループ。

7 "Mortality in Pre-Industrial England: The Example of Colyton, Devon, over Three Centuries", *Daedalus*, Vol. 97, No. 2, 1968.

リッジ・グループが世に出た論文として非常に有名です。

川北　ああ、そうですね。

——だから、それとは直接関係がないということになる。

川北　はい。

——先生の業績表を拝見していますと、最初と二番目と三番目の論文は全部タイトルに「経済成長」という言葉が出ていますね。

川北　そうですよ。実は産業革命までずっとそれで行くはずだったんです。

——まずこうした基盤があって、それから社会史に行かれたというのが、新しい論文ばかり読んでいるとなかなかわからないと思います。今の院生がこれを読めるかというと、文学部の人にはちょっと難しいところがあります。

それと、ここで私が強調しておきたいことは、フィッシャーが『献呈論集』の序文に書いた経済史家の役割は、実はイギリスの歴史家によっては実現されていなくて、むしろ日本で川北先生によって現実のものとなった、ということです。一九六〇年代半ばぐらいのことで非常に画期的なことです。これは、日本の西洋史研究者として断固として主張したいと思います。私が不思議なのは、なぜこのような重要な事実に、多くの人が関心をもっていないのかということです。

フィッシャーの功績

川北　フィッシャーのことについて言うと、越智先生はフィッシャーをずいぶんと気に入っておられました。角山先生もあとでフィッシャーにつかれたことがあります。僕がフィッシャーに会ったのは最後なんだけれども、ただ、フィッシャーの歴史学というものを全体として見た人って、おっしゃるとおり、あんまりいなかったんです。

しかし、全体として見ると、フィッシャーが考えていたことは、現実の低開発経済のことです。一六－一七世紀のイギリス経済を一種の「低開発経済」と規定し、それを現代の低開発経済と比較するということが、彼の主題であったわけです。この点をきちんと読み取った日本人の歴史家はほとんどいなかったと思います。トーニーにも多少似た考えがあったかもしれないんだけれども、本格的にフィッシャーがはじめたといえるのは、いわゆる開発論の歴史学です。

——そうです。さっき申しましたように、『献呈論集』の序文なんかはまさにそうです。

川北　ええ。開発論の観点というものは、あそこでフィッシャーが歴史学に本格的に取り入れたんです。そこの点がだいぶ見落とされていて、たんにアントウェルペンのことが書かれています、などとか言われている。それはそれでいいんだけれども、そうじゃなしに、その結果として、さっき言ったような都市史があって、ロンドン史があるんです。これは非常に新しいことだったと思います。

ともあれ、彼の論点は、すべて貿易（流通）の歴史、消費の歴史のかたちになっていて、生産の歴史とは違います。あとでも触れますが、フィッシャーは、私が〝モノはつくるから売れるのではなく、売れるからつくるのだ〟（経済発展のディマンド・プル・モデル）[1]と考え、生産の歴史より、消費の歴史を重視するようになったひとつのきっかけです。それは非常に新しいところだったんだけれども、おっしゃるとおり、そのことをイギリス人もあんまりわかっていなかった。

僕が最初にフィッシャー先生に会ったときは、彼はもうリタイアすることになっていますというような時期でしたね。ＬＳＥ[2]の先生の研究室を訪ねたんですが、もう本がぐっちゃぐちゃになっていました。背が低くてちょこまか動く

1 本書一六七頁参照。

2 London School of Economics and Political Science　経済、政治など社会科学部門に特化したロンドン大学を構成する教育・研究機関。一八九五年創設。

おじいさんでしたね。彼にはのちに、オールソープ（オルトラップ）のダイアナの実家へ連れていってもらいました。優雅なところで、わりと楽しかったです。

貿易史研究における輸入研究の意味

——アントウェルペンにかんしては、むしろラムゼイ[1]のほうが詳しいですね。

川北　そうですね。あのころは、ラムゼイとか、あの辺をやっている人がけっこういました。

——ラムゼイは私もかなり好きなんですが、今は誰も読みません。だからといって、古いとは全然思わないですけれども。

フィッシャーは、毛織物をアントウェルペンに輸出した、で終わっているところがあります。大陸に行ってからのことには興味がないようです。それに対し、川北先生は、むしろ輸入のほうに注目されたというふうに思います。輸入主導型の経済発展という言い方で。

川北　そうですね。輸入の研究というのは、今でもそうだと思いますが、貿易史の研究の中で全体的に非常に影が薄いんです。

——ミラードの研究[2]があるぐらいで。

1 ラムゼイ（George Daniel Ramsay）イギリスの経済史家。

2 A. M. Millard, "The Import Trade of London, 1600-1640" (University of London Ph.D. Thesis, 1956).

川北　あれはタイプ印刷の未刊行論文なんです。出版されていないので、私が大学院のころだと、日本では事実上、手に入らなかったんです。向こうへ行けるか何かでないと見られなかった。ずっとあとでコピーを取りましたが、あれは非常に貴重なものでした。

デイヴィズ先生[3]とかになると、輸入も輸出もやっているのですが、論点を見ていくと、ほとんど輸出論にポイントが置かれている。貿易をやっているとそういう癖がつくんでしょうね。だけど、文化とか生活に与える影響とかいうことを考えると、輸入というのはすごく大きなウェイトをもっていると思うんだけどね。

――とくに先生の場合、砂糖に注目されているというのが興味深い。これはまたあとの議論でも出てくると思うんですが、砂糖という日常生活で食される消費財に注目されたのは、画期的なことだったと思うんです。それまでの研究は、基本的には生産論ですね。

川北　そうですね。毛織物でもよかったんでしょうがね。誰かが消費するからつくって売れるわけで、そこのところもやるべきなんだけれども、それまでの経済史の見方では基本的に生産関係論になってしまって、生産のことにしか

3 デイヴィズ（Ralph Davis, 1915-78）イギリスの経済史家・海事史家、レスター大学副学長。代表作に、*The Industrial Revolution and British Overseas Trade*, Leicester, 1979など。

ポイントがない。しかも、ヨーロッパ内部での生産なんです。ヨーロッパのなかでどういうふうに生産されていくかという生産構造の問題しか議論されなかった。私の処女論文は砂糖のことでした。大塚史学の最も有力な後継者と目されていた東北大学の吉岡昭彦先生には、さっそくボロクソに言われた。こんなペリフェラル（重要でない）なことをやってどうするんだ、みたいなことです。吉岡先生は、ジェントリは「寄生地主」であって、封建勢力であるという理解でしたし、後半では原綿問題などから、インドとの関係なども論じられたのですが、その場合も本質的に、個々の「国民経済」の集合としての世界的な経済を構想しておられたのだと思います。単一の世界経済を構想している世界システム論などとはまったく違うものです。ともあれ、吉岡先生との関係は面白かったですよ。

今話しちゃっていいかどうかわかりませんが、七一年に東大で大きなシンポジウム[4]があって、そのときも名指しで吉岡先生にボロクソに言われたんです。だけど、ずっとあとになって、吉岡先生がもうリタイアの時期がみえてきたころ、東北大学に集中講義に来いと言われたんです。昔ボロクソに言われたことから考えると不思議な話なんだけど。ぜひ来てほしいと言われたんですが、僕

4 本書一二二－一二三頁参照。

がイギリスへ行くとき（一九八七年）だったのでお断りしたんです。そうしたら、その夏、吉岡先生がイギリスに来られて、ロンドンでイタめしを一緒に食ったのが最後でした。私たちとの見解の違いついては、もう諦めたと先生は言っておられました。

——毛織物も本来は消費財なんですが、消費に行く前に終わっているんですよね。

川北　そうです。そこで、研究が終わっているんです。

——生産構造の歴史から、具体的に消費財がどのようにして消費されたのかというところに至るのが社会史であって……。つまり川北先生は、流通部分を強調されている。

川北　流通の後半部分、つまり、実際に買う人はどこへ行って買ったのかとか、そんなのはもうわからないので、基本的にはやっていないんですがね。

5　阪大助手時代

阪大助手になる

――川北先生は、一九六七年に阪大に就職されました。念願の助手という立場に立たれて、偉くなったなと思ったら、そんなに偉くならなかったとか。

川北　いや、阪大へ行くのはなかなか大変でしたね。あのとき、オーヴァー・ドクター（今の言い方だと、ポス・ドクということになりますが）の人がまだかなりたくさんおられましたからね。私のころの京大の西洋史といったら、今はどこもそうですけれども、非常に就職難で、なかなか就職ができなかった。さっきの小貫さんなんかも、長く予備校やら何やらの教師をしていて助手になられたので、やっと助手になったときにはくたびれた感じだった。就職難で研究室の雰囲気が非常に悪いので先生方もだいぶ警戒され、私の一年上は、大学院生が一人もいなかったんです。試験は、立命館の長田豊臣さん[1]とか七、八人受けたはずなんですが、みんなはねられてしまって。一年下もそんなにたくさんいなくて、現役の院生はだいぶ減っていました。

　僕の学年はドイツ史の豊永泰子さんと、うんと年上でフランス史の人と、三人合格させてもらいましたけれども、就職はそんなに簡単にできると思っていなかった。たぶん四〇歳ぐらいにならんとできないのかなとか思っていたんですが、まだ博士課程が最後の一年残っている時点で、突然就職の話をもらったんです。

　それは阪大の助手にならんかという話でした。たぶん岡部健彦先生[2]が私の名前を挙げてくださったと思います。しかし、阪大で社会経済史学会の大会があって、服部春彦さん[3]と僕が発表したときに、当時教授だった豊田先生もひそかに見に来てくださって、「まあ、あれやったらええやろう」というんで採用してもらったようなんです。

　同時に、熊本で講師にならないかという話もありました。当時、熊本に松垣先生[4]というイギリス中世史の先生がおられて、越智先生と親しかったんです。当時はだいたいコネクションによる就職ですから。それで越智先生に「どっち

1 長田豊臣（一九三八－）アメリカ史家、立命館大学前総長。代表作に『南北戦争と国家』東京大学出版会、一九九二など。

2 岡部健彦（一九二三－二〇〇五）ドイツ近代史家、大阪大学教授・帝塚山大学元学長。代表作に『二つの世界大戦』講談社、一九七八など。

3 服部春彦（一九三四－）フランス近代経済史家、京都大学名誉教授。代表作に『フランス産業革命論』未來社、一九六八、『フランス近代貿易の生成と展開』ミネルヴァ書房、一九九二など。

4 松垣裕《ゆたか》（一九二四－）イギリス中世史家、熊本大学名誉教授。代表作に『イギリス封建社会の確立』山川出版社、一九七四など。

にする?」と言われました。だけど、越智先生も、自分としては近くにいてほしい気持ちはあるというふうに言われたし、僕も家族のことがあったので、阪大へ行くことにしたんです。

――二つも話があるというのは、現在の院生には考えられないことですし、博士課程中退で就職することもありえないことでしょう。それはそうと当時の熊本って、感覚的には今よりずっと遠いですよね。

川北　ええ。で、結局、吉岡先生のお弟子さんの桑原莞爾さん[5]が入られたんだと思います。桑原先生はずっと熊本におられて、今は中川順子さん[6]が行ってくれていますので、運命のようなものを感じますね。

阪大はすごく大変で、阪大へ行くといったら、越智先生と同世代の廣實源太郎先生[7]とか中村賢二郎先生[8]とか、何か事情を知っているような人たちから「おまえ、大変やぞ」と言われました。

私の行く直前に、植村雅彦先生[9]が岡山大から阪大の教養部に入られたんです。それからやはり半年ぐらい前に、岡部健彦先生が奈良女子大から移っておられたんです。つまり、そのころの阪大の文学部西洋史には、豊田先生と岡部先生がいらしたわけです。村田先生[10]は、もう名誉教授でしたがね。さらに教養部の

5 桑原莞爾《かんじ》(一九三七－)イギリス近代史家、熊本大学名誉教授。代表作に『イギリス関税改革運動の史的分析』九州大学出版会、一九九九など。

6 中川順子(一九七〇－)川北先生の教え子。イギリス近世史家、熊本大学准教授。

7 廣實《ひろざね》源太郎(一九二二－)ドイツ近代史家、大阪外国語大学・流通科学大学名誉教授。

8 本書五九頁、脚注参照。

9 本書三二頁、脚注参照。

10 村田数之亮《かずのすけ》(一九〇〇－九九)ギリシア古代史家、大阪大学教授。代表作に『エーゲ文明の研究』弘文堂、一九四九など。

植村先生がいらして、みんなが「天皇」やぞということです。

豊田先生はたしかに天皇で、普通の人はとても話がしにくいような人でした。何か言うと、打ち返せない球が返ってくる。「そうです」と断定されたりしてね。それで終わりになっちゃう。大金持ちが集まって住んだ、寺内町の典型である今井町の有力な家系で、観光案内にも大きく出ているおうちでしたから、われわれとは感覚が非常に違ったのです。骨董趣味もすごかったですが、ご自宅の骨董品のなかには、文化庁から所蔵品の虫干しに毎年役人が来るものもあると言っておられました。

岡部先生は、当時、まだ若く、越智先生と学風は違いましたが、京大の同級生でした。だから、二人とも非常に優秀な人だったと思うんですが、ちょっと対抗心みたいなものがお互いにあって、そこはなかなか難しいところもあったんです。

豊田先生は、さっき言いましたように、私が大学へ入ったころは京大の教養部の先生だったんですが、阪大の助教授だった今津晃先生[11]と入れ換わるかたちで入られたんです。当時、京大の文学部にアメリカ学をつくるという話があって、今津先生はその要員としてあらかじめ西洋史に入っておくという話で京大

11本書六一頁、脚注参照。

に移られた。結局、アメリカ学はできなかったので、今津先生はかなり不幸なかたちになったんですが、こういうこともあって、京大と阪大の西洋史の関係は微妙だったんです。

そこへ行くと僕は越智先生の直系の弟子じゃないですか。それでも岡部先生や豊田先生はよかろうということで採ってくださったんですが、やっぱり両方の関係がすごく難しかったんです。

植村先生は、先にも言ったように植村清之助先生[12]の長男です。お父さんは京都帝国大学の助教授で、たしか教授になる前に亡くなられたはずです。廣實先生などが、植村家でお坊ちゃまの子守をしていたそうです。旧帝大の先生のお坊ちゃんだから、それはすごいんですよ。嘘か本当か知りませんけれども、靴下を両方履くのに三〇分かかったという話もありましてね、片方の靴下を履いて「ああ、これは裏向けじゃ」とか言って履き直す（笑）。そういう雰囲気がたしかにありましたが、穏やかないい先生でした。一六世紀全般について、手堅い研究をされていました。とくに、政治家の人間関係の分析を主体とする、ニール[13]やネイミア[14]らの政治史の手法の紹介が光っていました。

こういう次第でしたから「天皇が三人もいるところへおまえが行ってどうす

12　本書三二頁、脚注参照。

13　ニール（Sir John Ernest Neale, 1890-1975）イギリスの歴史家。エリザベス時代が専門。ロンドン大学ユニヴァーシティカレッジ教授。ピューリタン革命の起源を、エリザベス朝議会の反動的政策に求めた。

14　ネイミア（Lewis Bernstein. Namier, 1880-1960）一八世紀イギリスの政治史研究者。マンチェスタ大学教授。庶民院議員のライフヒストリーを丹念に調べ、派閥形成の原理を解明。階級史観へのアンチテーゼを与えたとみなされた。ニールは、同様の手法を一六世紀史に適用した。

るねん」とよく脅かされた。「助手天皇になって、四天王になりますわ」と言って阪大に行ったんだけれども、現実はなかなか大変でした。まあ楽しくやれましたけどね。

一番大変だったのは、そうですね、院生との関係でしたね。僕の前任だったアメリカ史の高橋章さん[15]はとてもいい人なんですが、そのころは政治活動も活発にしておられたようでしたので、大学院生も、多くがそのラインでした。そこへ岡部先生が名前を挙げてくださって僕が行くことになった。マルクス主義の全盛の時代に「近経」などというとんでもないものを取り込んでいる人間が来るというので、「とんでもない右翼が来る」という話になっていたようです。のちに『赤旗』の記者になった人間とかも大学院にいましたので、それはちょっと苦労しました。まあ、すぐにそんな誤解は解けましたけどね。

そういう話じゃなくて、研究のことでいうと、阪大にはイギリス経済史にかかわる本が全然なかったということ。京大では、文学部の西洋史に本がなくても、経済学部の歴史が長いから、そこにイギリス経済史の本がたくさんありました。昔の経済学部の人はほとんどマルクス主義者で、だいたいマルクス主義というのはイギリス経済をベースにして展開していましたから、イギリス関係

15 高橋章（一九三〇–）大阪市立大学名誉教授。代表作に『アメリカ帝国主義成立史の研究』名古屋大学出版会、一九九九など。

の経済史の史料や本はたくさんあったわけです。農学部も、農業経済でイギリスかロシアかをやっていましたから史料がたくさんありましたし、京大では本や史料の点で困らなかったんです。

ところが阪大は、経済学部ができたときから、官僚エコノミストみたいな人たちが集まったところで新自由主義の世界なので、ちょっと言い過ぎかもしれませんが、歴史みたいなことはやったらいかんという雰囲気があった。宮本又次先生[16]とか、作道洋太郎先生[17]とかはおられたんですけれども、イギリス経済史の研究者はいなかった。近経のモデルを歴史に適用する試みでは一番頼りになる味方だった安場保吉さん[18]も赴任されたばかりでしたし、むろん、イギリス史でもありませんでした。阪大のなかにイギリス経済史の影というものが一切なかったんです。だから、本がまったくなかった。阪大のイギリス近世史の本は、植村雅彦先生と私で何十年もかかって買い集めたんです。だから、研究環境としてはかなり衝撃的でした。

宮本先生とは親しくさせていただいて、ご子息の又郎[19]さんより親父さんの又次先生のほうが親しかったぐらいです。又次先生は、むろん大坂商人の高名な研究者で、文化功労者にもなられた方ですが、フランス経済史にも造詣が深く、

16 宮本又次（一九〇七–九一）日本商業史家、大阪大学教授。代表作に『株仲間の研究』有斐閣、一九三八、『宮本又次全集』全十巻、講談社、一九七七–七八など。

17 作道《さくどう》洋太郎（一九二三–二〇〇五）日本経営史家、大阪大学教授。代表作に『近世封建社会の貨幣金融構造』塙書房、一九七一など。

18 安場《やすば》保吉（一九三〇–二〇〇五）日本の経済学者、大阪大学教授。代表作に『経済成長論』筑摩書房、一九八〇など。

19 宮本又郎《またお》（一九四三–）日本経済史家、大阪大学名誉教授・関西学院大学教授。代表作に『近世日本の市場経済――大阪米市場分析』有斐閣、一九八九など。

バブーフやナポレオンの研究者だった豊田先生と親しかったのです。ですから、又次先生は、西洋史研究室によく話しに来ておられました。それはよかったんですが、本は本当になかった。

『待兼山論叢』の創刊

――このころ、『待兼山論叢』[1]が創刊されたんでしたね。

川北　阪大へ行ったら『待兼山論叢』を出すという話が進んでいて、助手会からも委員を出して、助教授が中心で刊行するという話になったんです。だけど、それがちょっと厄介でね。さっきも言ったように、僕は京大で、大学院の上級生のころは、自分らが責任者みたいな格好で『西洋史学』の編集を事実上やっていたんです。そこでの経験では、質のいい原稿を集めるのってものすごく難しかったんです。だから、阪大であらためてそういう雑誌をつくって「誰が書くねん」という思いがあって、「こんなもの、いらんのと違いますか」と言ったら、総スカンをくいました。でも、いちおう、刊行委員としてやることはやりましたね。

結果的には、まあやってよかったと思います。今も続いているわけですから。

1　『待兼山論叢』大阪大学文学部の紀要。一九六七年創刊。

もともと阪大文学部に紀要はあったんですが、その紀要が、一論文の最低枚数が八〇〇枚なんです。

――八〇〇枚が最低枚数だなんてありうるんでしょうか。本が何冊書けることか。

川北　つまり、博士論文しか載せないという、そういうものだったんです。だから助手たちは困った。助手はそんなところへ書けない。当時は助手が博士論文を書くことはありませんでしたから。助手のほうは五〇枚ぐらいの普通の論文を書きたいのに、それを書く場所がないという。『待兼山論叢』は助手会の強い要望で無理してつくられたものなんです。

そのときにすごくがんばっておられたのは、岡田渥美さん[2]という方で、越智研にも一時来ておられたんです。教育史の人で、ジェントルマン教育をやっておられました。僕が阪大へ行ったとき、岡田さんは阪大の最長老の助手で、最終的には京大の教育学部の学部長になられました。その岡田さんあたりが、雑誌を出すことにすごく熱心でした。

そういうことで雑誌がつくられたんですが、西洋史で論文を書く人が続くかなという心配はちょっとありました。

2 岡田渥美（一九三三－）教育学者、京都大学名誉教授。代表作に『教育の歴史』（共編）ミネルヴァ書房、一九八〇など。

――そうですね。当時は阪大の西洋史の院生は少なかったですから。『待兼山論叢』は今でも続いているんですか。

川北　そうですね。何度か危機はありましたが。結局、大学紛争の過程で、京大では編集ができなくなった『西洋史学』という雑誌も阪大に来てしまったから、阪大の研究室としてはけっこう重荷だったとは思います。

二足のわらじ――助手として講師として

――偉かったかどうかわからないんですが、助手の地位が二年で終わりました。大阪女子大の社会福祉学科に移られたんですね。

川北　阪大に助手として六七年の四月に入りまして、六月ごろにその話が来たんです。当時、大阪女子大には中村幸太郎先生[1]という、テューダー時代の救貧法のことを研究されていた先生がおられたんです。しかし、中村先生が入院され、たぶん再起は難しいという状況になって、応援してくれということだったんです。

だから、すぐ移れるなら移ってくれと言われたんですが、阪大には二年任期と言われて行っていましたからね。しかし、二年過ぎたら出て行かなくてはな

1 中村幸太郎（一九〇六－六七）イギリスの社会福祉研究者、大阪女子大教授。

らない。もっとも、今の任期制とは違いますので、豊田先生は「僕が立ち上がって、むにゃむにゃと言えば、まあそんなのは延びるけどな」と言っておられましたけど。

――「むにゃむにゃ」とおっしゃったんですか。

川北　言うてはったんです。豊田先生については面白いことがいっぱいありました。僕より一〇歳ぐらい下の人が阪大の助手になるとき、僕は教授会のメンバーでしたからよく覚えていますが、その人の説明をしなければならなくなったのですが、先生は資料を忘れてこられたんです。しかも自分が直接指導している人じゃなくて何もわからないので、「なんや別府の出身らしいですわ」とだけ言われた（笑）。それだけで、人事が決まってしまいました。

豊田先生に「先生、大阪女子大学の話が来ましたけど」と言ったら、「君、こないだ、阪大に来たばっかりやろうが。二年はいてもらわな困る」というようなことでした。二年任期というのは、二年以内に出ろというのではなくて、二年間きっちりやって二年目には必ず出ろという、それはもう無茶な話でした。

ちょっと足止めをされたようなかたちになったんですが、そのとき、さっきの岡田さんがカンカンに怒って「僕が談判に行く」と言われたんです。助手の

後列向かって左端が岡部先生、中央が豊田先生、その右後ろが川北（助手時代）

長老だったので「助手の転出を止めるなんてとんでもない」と言って怒り出したんです。僕は「それはちょっと待っておいてください」と止めましたが、結局、その年の九月から、事実上、大阪女子大の教師と阪大の助手と両方やったんです。といっても、阪大のほうの条件が、助教授であろうと教授であろうと、他校への非常勤は週三コマしか出てはいけないというものだったから三コマにしてもらったんです。その一つはゼミで、だからゼミ生もおったんです。

それは、ある意味で阪大には申し訳ないことだけれども、僕が助手の仕事を楽にできた条件だったと思うんです。もう出口があって、いざとなったらいつでも向こうへ移っちまえばおしまいみたいなところがあったから。だから、先生方としては、使いにくい助手だったかもしれないですね。

――偉くなる必要がなかったんですね。

川北　そうですね。阪大の助手になったとき、隣に東洋史の研究室がありました。東洋史の助手は、僕よりもだいぶ年上の苦労人でアジア考古学の人だったんですが、その人から「君、えらいとこへ来たな」とか言われて、「何ですか」と言ったら、「教授、豊田さんやぞ」と。豊田先生は、お父さんから「いつまで大学教授なんかやっとるねん。はよう辞め」としょっちゅう言われていたそうで、「あのな、おまえ、教授とケンカしたら、『俺も辞めるからおまえも辞めろ』と必ず言うぞ」と言われたのです。あのころの阪大の助手の世界というのは面白かった。僕が赴任する直前までは、東洋史だけでなく、アジア系のいくつかの講座には、僕が行く直前まで教授よりも年上の助手がいたんです。戦後に阪大文学部ができたときの助手がみんな残っていたのです。ですから、この東洋史の助手の人も、前任の助手への対応に手こずっておられました。助手（助教）の処遇は、今も昔も難しいものだと思います。

――それは大変なところに行ってしまったということになりますね。

角山榮先生との出会い

――このごろの院生はだんだん余力がなくなってきましたね。修士論文のこととしかしないいような感じです。

川北　そうですね。みんな余裕がなくなっております。

――あれだけ修士論文にかかりきりにならなくても書けるのではないかと思うんですけどね。先生が論文を書くときには、先生方や先輩方からのご指導があったんでしょうか。

角山榮先生、河村貞枝君と（1985年）

川北　私自身は、指導は受けたことはありません。当時としては特殊なことをやっていたから、誰も何も言ってこなかったんです。経済成長の問題は、大学院に入る前ぐらいから関心をもちだしたんですけれども、当時はそういうことを扱っている歴史家はいませんでした。ただ、文献の探し方とか、そうしたことはいろいろ教えてもらいました。昔風の「研究室」があったのでね。

――情報センターですね。それが今と違うところです。今はそれがないから、全部教員がやらないといけないようです。今でもそういうことをまめにやる大学院生はいるんだけれども、本人が論文を書けなかったりして。

川北　当時、研究室では読書会大会というのを春と秋とやっていました。もともとあった読書会は基本的には京大西洋史の同窓会でしたが、結局、その同窓会が日本西洋史学会になったという話も聞いたことがあります。ただ、私たちの知っているのは、今に続くものですから、やはり同窓会が基本です。春と秋に大会を開き、春はだいたい修士論文を書いた人の発表の場となっていました。秋の大会は、学外からも少し報告者を招いてやっていました。私が修士課程二年目の春に、望田さんがひとつ企画モノをやろうと言いだされたんです。大塚史学をはじめとする「戦後史学」はかなり行き詰まってきていたし、マル

右から、鈴木利章さん、越智先生、今井宏先生、富澤霊岸先生、川北、村岡健次さん、古賀秀男さん、河村貞枝さん（1974年）

クス主義の市民革命論もだんだん時代に合わなくなってきていました。望田さんらもだいぶ苦労され、現代史を対象に政治学の近代理論みたいなものを取り入れようかということを考えておられた。たぶん丸山眞男さん[1]あたりから展開していったのだと思います。

　私は、経済史のほうでそうやっていたんですが、望田さんが、最近、非マルクス主義——反マルクス主義ではないけれど——の歴史をやろうかという変なやつが何人か出てきたから、いっぺん大会をやろうというわけでした。これは、たぶんほかの教授や助教授の先生方では絶対に思いつかなかったというか、言われなかったことだと思います。経済のほうでそんなことをやっているのは僕しかいないから、修士課程在学中だけどやれと言われて、まあ何か報告するということになったんです。ただ、僕がしゃべるけれど、では司会とかは誰がしてくれるのかというと、西洋史では人がいなかったんです。それでは角山先生に来てもらおうということになって、角山先生との本格的な関係はそこでできたんです。

　ところが、僕がやったことは角山先生の論文の批判だったので、いまだに冗談半分にいろいろ言われております。まあ当時の東京の師弟関係では考えられ

1丸山眞男（一九一四―一九九六）政治学者、東京大学教授。戦後のアカデミズムに大きな影響を及ぼし、その研究スタイルは「丸山政治学」とも称された。代表作に『現代政治の思想と行動』未來社、新装版、二〇〇六など。

ない話です。角山先生は、一八世紀前半のイギリス経済は農業を中心に不況であったという、比較的オーソドックスな解釈の論文を書かれていたのですが、私は、農産物の価格低下で、工業製品にむけられる可処分所得がふえ、一人当たりのGDPも上昇した、と主張したのです。その発表はある意味で非常に衝撃的で、皆さんほとんど理解されなかったかもしれないんだけれども、何か変なことを言っているやつがいるということは強く印象づけられたようです。おかげで僕はその後何十年と読書会で発表していないのですが、みんな何度も発表していると思っていたらしい。

——正確に言うと、二四年間発表していなかったんです。私は覚えていまして、一九八八年に「M2のとき以来、二四年ぶりの発表をして大変緊張しております」とおっしゃっていました。

川北　そうですか。それが角山先生との本格的な出会いなので、非常に思い出に残っています。

——八八年の読書会では、川北先生のご発表は立ち見が出るほどの盛況でした。よく覚えてます。

Ⅲ　生活史を拓く

6　大阪女子大学時代

計量経済史から生活史への転換

——計量経済学からだんだん方向が変わっていったというのは、だいたい大阪女子大学に行かれる前後のことではないかと思います。有名な『工業化の歴史的前提——帝国とジェントルマン』（岩波書店、一九八三年）[1]は、私が大学に入った年に出版されました。私は本が出てすぐに買ったんですけれども、あの本の第一部が、先生の最初のころの論文に当たるわけです。

川北　そうですね。

——ただ、第一部のところが、ほかのところに比べてあまり理解されていないような気がします。

川北　そうですね。

1 本書一六六頁およびコラム「研究の視座」（一九九頁）参照。

――あれが前提にあってはじめて社会史とかが生きてくるのに、十分に理解されていない。先ほどアナールもいきなり社会史が展開されるんじゃなくて、計量経済史もやっていた時代があって、[2]計量経済史をやっても現実が見えてこないから、社会史が出てきたのだと思います。先生が『歴史科学』という雑誌で「残余の要因」という議論をされていました。[3]経済成長を論じるにしても、単に経済理論をあてはめるだけでは不可能だということだったと記憶していります。それとも関係するのですが、どういうようなことで、社会史のほうに進んで行かれたのでしょうか。

川北　個人的なことを言えば、もともと文学をやっていたような人間なので、歴史をできるだけ具体的に、肌で感じられるようなものとして書きたいという思いがずっとあったんですが、数字だけいじっていると、なかなかそうは行かない。僕としては、ひとつの統計の中にもいろんな肌合いとか、色合いとか、温度とか、そういうものが見えてくるつもりでやっていたんだけれども、読む人はそういうふうに読んでくれない。数字を扱っている人の多くは、僕が思うようなことはのけてしまって、純粋に数字でやるんだという立場の人だったから、ちょっと肌が合わないないなという感じが出てきたんです。

2　本書七七頁参照。
3　川北稔「『残余の要因』――イギリス近代史研究の三〇年」『歴史科学』一三三号、一九九三年、一一一三頁。

それから学問上の理屈でいうと、今言ってくださったように、成長経済学のなかで経済学が扱うような要因のインパクトだけを足していっても、経済成長が全然説明できないということがわりあい明らかになってきて、ほかにも要素がいっぱいあるんだということになった。『エコノミック・ヒストリー・レビュー』でも、教育とか、宗教とか、そんなことが議論されはじめました。『エコノミック・ヒストリー・レビュー』は、本来そんな論文が載るようなものじゃなかったはずなんだけれども、変わってきたんですね。成長経済学の立場からいうと、「残余の要因」ということになるけれども、じつは「残余の要因」のほうが大きかったりする。

計量史的なもの、ＱＥＨ（計量経済史 Quantitative Economic History）が出てきて、数字だけが一人歩きするようなことになった。だけれども、他方で違うやり方で行こうという人たちもいた。アナールも第三世代になって大きく変わりましたからね。これはやっぱり大きかったと思うんです。自分の志向とかもあるんでしょうかね。たぶん計量経済史でそのまま押していっても、あんまり大したことはできなかったと思います。

研究対象とする時代の制約もあります。二〇世紀とかをやっていれば、計量経済史でもっとガンガンやれたかもしれないけれども、一七世紀とか一八世紀とかいうようなところでとことん計量的にやるといっても、あまりにもデータが少ないし、難しいところもありますから。

そういうことがあって、あんまり統計はないけれども、フィッシャーのやり方のほうがトレンド分析になっているのではないかと考えたんです。フィッシャーには「一六－一七世紀は経済史上の暗黒時代か」[4]という有名な就任講演があるんですが、あの就任講演は日本ではほとんど紹介されなかったので、みんな知らない。この就任講演は、全体が工業化以後の経済史を扱う人びとから、近世などというのは統計が整備されておらず、厳密な経済学のモデルを適用しようがない、「経済史上の紀元以前」だとして批判されていることへの反批判でした。ロンドン大学LSEの、由緒正しいトーニーの講座の後継者として就任するにあたって、一六－一七世紀についても、何パーセントというような数字は出せないものの、大まかな経済のトレンドは、さまざまな方向から示せるものだ、ということを主張したものです。

この講演にかんしては、日本で翻訳が二つ出ているんですが、必ずしも著者の真意が伝わっていないものもあるので、ぜひ原文で読んでいただきたい。あ

4　フィッシャーの教授就任講演“The Sixteenth and Seventeenth Centuries: The Dark Ages in English Economic History?”, *Economica*, Vol.26, 1962, pp. 2-18.
同論文の主要な論点は、人口が五－六万人から五〇万人へと急増したロンドンの成長と、それまで後進地帯であった西部・北部が発展したため国内貿易が発達したことである。
なお、フィッシャーの全著作は次の論集に収録されている。
P. J. Corfield and N. B. Harte, eds., *London and the English Economy, 1500-1700*, London 1990.

れはフィッシャーを理解していくうえで絶対に読まないといけないものだと思います。それを読んだこともわりあい大きく影響して、まあ自分の本来の好みもあった。それから貿易史をやっていったら、どうしても輸入のほうに関心が向いていった。輸入って具体的な物ですからね。物にはやっぱり生活とか文化とかいうものがくっついてくるので、どうしてもそっちをやりたいな、と思うようになりました。

人口の問題も大きかった。ハバカクとか、もっと前の人たちがやっていた人口史は、経済成長との関係で人口を総量としてどう扱うかということと、実際どうなっていったのかという、その程度の問題意識だったんです。けれども、突然ケンブリッジ・グループ[5]が出てきて、どこかの村の教区簿冊やら何やらを駆使して、すごく細かいことがわかるようになってきた。家族の問題とか、ライフ・サイクルの問題とかがわかってきて、庶民の具体的な生活のイメージがすごく見えてくるんです。そこにものすごく関心が向いたんです。

ただ、僕の場合、向こうのやり方をそのままやろうとは思わなかった。慶應のグループの人たちで細かいことをやっておられる人たちもおられますし、まあそれは向こうでそれなりに評価されていると思う。でも、まあいいのか悪い

5本書九三頁、脚注参照。

のかわかりませんが、私としては、向こうのどこかの教区をひとつ取り上げて、誰かがやったのと同じようにやってみようという気にはなりませんでした。そういう関心にはどうも行かない体質のようです。むしろ、向こうのやり方はいちおう勉強しておいて、ああいう細かいことは向こうの人がいっぱいやってくれるから、それを拾い集めて何かを構成していきたいという思いがありました。

そういうことが重なって、いわゆる生活史という概念ができてきたんだと思います。角山先生も、ちょっと違いますけれども似たような関心をもっておられたので、共同でやれることもありました。

「生活の世界歴史」の執筆

川北　大阪女子大に行ってすぐだったかな。あんまり間がなかったと思うんですが、角山先生のご自宅で研究会（のちのイギリス都市生活史研究会）をはじめたんです。最初に村岡さんが和歌山に行かれて、僕が阪大にいたことがあったので、それでまあ大阪でやりましょうという

イギリス都市生活史研究会のメンバー。前列左から岸田紀さん、河村貞枝さん、村岡健次さん。後列左から川北、川島昭夫君、見市雅俊君

ことだったのですけれども、ほかにも何人かおられました。杉原薫君[1]も途中何回か出席されました。桃山学院にいた安元稔君[2]もほぼ最初からのメンバーでした。それから、栗本慎一郎君[3]。彼は「かっぱえびせん」のキャッチ・フレーズをつくって大当たりをした人だから、「かっぱえびせんを担いで来た」と角山先生はよく言ってはりました（笑）。日本経済史の人も安沢秀一さん[4]とか、何人かおられました。

まあそんな感じではじまったのですが、これはもともとは出版社の企画だったのです。河出書房の編集の人が、「生活の世界歴史」[5]という一〇巻本の企画をするので、イギリスの産業革命を書いてくれ、と角山先生のところへ持ってこられたんです。

当時、生活史をやっている人はいませんでした。それで、私がイギリスへ行くことになっていたので、「じゃ、君が材料を集めてこい」と言われた。私の半年ぐらいあとに村岡さんもロンドンに来られて、二人で材料を集めて帰って書くようなことになったんです。この研究会はのちに、関西大学の荒井政治先生[6]なども加わられ、『路地裏の大英帝国』[7]（平凡社、一九八二）などを出すことになりますので、生活史をやっていくうえで大きな出発点になったといえます。

1 杉原薫（一九四八－）アジア経済史家、京都大学教授。代表作に『アジア間貿易の形成と構造』ミネルヴァ書房、一九九六、『アジア太平洋経済圏の興隆』大阪大学出版会、二〇〇三など。

2 安元稔（一九四一－）イギリス近代経済史家、駒澤大学教授。代表作に『イギリスの人口と経済発展――歴史人口学的接近』ミネルヴァ書房、一九八二など。

3 栗本慎一郎（一九四一－）経済人類学者、元明治大学教授。元衆議院議員。代表作に『経済人類学』東洋経済新報社、一九七九、『パンツをはいたサル』光文社、一九八一など。

4 安沢秀一（一九二六－）日本経済史家、駿河台大学名誉教授。代表作に『近世村落形成の基礎構造』吉川弘文館、一九七二など。

5 河出書房新社から一九七五－七六

ちでやっていた学会はみんな寂れたんです。土地制度史学会[3]とかも、だんだん人が集まらないようになってきたと思うんです。あんまり人が集まらないので、何かやらないと、と思った人たちがいて、関西の人間の悪口でも言ったらみんな集まるだろうというふうに考えた。嘘か本当か知りませんが、大塚史学系の中心である吉岡昭彦先生が、それをやるという話になっていたんだそうです。

角山先生はそれを知っていたから行かなかったと言っておられましたが、村岡さんとか僕とかはまだ若かったもので、知らないで行ったんですよね。行ったら、見事に名指しでやられました。私はまだ三〇歳を出たところでしたから、大先生がこんなところで、そんなことは言わんでもええやろうと思いました。要するに、僕が大塚史学と違うことを言っていると言われたんですが、これが『近代イギリス史の再検討』という本になりました。

――この本がきっかけとなって、「再検討派」と呼ばれるようになったんですね。

川北　われわれは再検討派ということにされたのですが、そのシンポジウムの主催者というか、そういう関係で柴田三千雄先生が編者になって、イギリス史だから松浦高嶺先生[4]も編者になった。あとから考えると、このシンポジウム

3　一九四八年創立。二〇〇二年に改称し、政治経済学・経済史学会となる。機関誌は『歴史と経済』（旧『土地制度史学』）。

4　松浦高嶺（一九二三－）イギリス近代史家、立教大学・フェリス女学院大学名誉教授。代表作に『イギリス近代史論集』山川出版社、二〇〇五など。

は画期的なシンポジウムで、非常に大きな転換点だったと思います。

私はそのあとイギリスへ行ったので、その本が出たのは知らなかったのですが、あとから来た人が本を持ってきてくれましたので、イギリスで見ました。今でも、あれは大きなことだったと思います。

はじめての海外渡航——デンマークからイギリスへ

川北　このシンポジウムを本にするという話になったとき、僕が「帝国とジェントルマン」という命題を出しました。だけど、それはまだ頭の中にあっただけでした。イギリス行きは、史料を集めて、構想を固めるということが目的だったんです。

——それで一九七二年にイギリスに行かれた。当時はソ連の上空を飛ぶことはできなかったので、大平洋を渡り、アラスカのアンカレッジ経由でしたよね。

川北　ええ、アンカレッジ経由です。伊丹から羽田を通ってルフトハンザでアンカレッジへ行きました。外国へ出るのははじめてですから、いきなりイギリスへ入ったらやばいと思って、イギリスに入る前にデンマークに行きました。デンマークは、英語は通じるけれども母国語ではない、と書いてあったから。

まずコペンハーゲンに行きました。ご専門の玉木さんに言うのは恥ずかしいけれども、ズンド（エーアソン）海峡の例の文書[1]をとにかく一目でも見たいと思っていましたから。だから、行く前に東京のデンマーク大使館に紹介状を書いてほしいと手紙を出したんですが、なかなか返事が来ない。何遍も出して最終的にはもらいましたが。

そうしてデンマークに行ったけれども、デンマーク語はまるでわからない。わからないのに史料を出せと言うのだから、文書館の人はすごく大変だったろうと思います。貸し出しカードのどこに名前を書くのかわからへんというんですから。

コペンハーゲンに着いたのは朝の五時ごろ。コペンハーゲンでは英語が通じると本には書いてあったのに、タクシーに乗ったらまったく英語が通じない。コペンハーゲンには一週間いて、つぎはアムステルダムに行きました。これも英語が通じると書いてあったのに、ほとんど通じない。オランダ語をちょっとだけ勉強していたので、オランダ語をしゃべってみたけれども、今度は英語で返事をしよるし。これはあかんわと思いました。

1『エーアソン海峡通行税台帳一四九七－一七八三』のこと。スカンディナヴィア半島とデンマークのシェラン島のあいだのエーアソン海峡は近世においてはデンマーク領であった。この海峡はバルト海と北海を結ぶほぼ唯一の航路であり、多くの船舶がこの海峡を航行した。デンマーク王室はこの海峡を通る船舶とその商品に通行税をかけ、その記録をもとに編纂されたのがこの史料である。ヨーロッパ近世最大の貿易統計と考えられる。原史料は近年マイクロフィルム化され、さらにフローニンゲン大学が中心になって国際プロジェクトを行い、二〇一一年にはすべての史料がインターネットで見られるようになる予定である。

はじめてのイギリス留学

それで、ロンドンは、あのころ、日本人はみんなお世話になっていたんですが、ロンドン大学で仏教学を教えておられた龍谷大学の先生がおられて、この人にずいぶんお世話になりました。最初はなかなか慣れないし、当時は日本と連絡をとるといったって電報を打つしかないような時代ですから、まあ島流しみたいなものです。すごく大変でした。

――ロンドン大学で研究されたんですね。

川北　はい。ロンドン大学のＩＨＲ（Institute of Historical Research）[1]で。そのころ、だいたいみんなそこへ行っていましたから。あのころ一緒だったのは山之内靖さん[2]です。それから、直接の面識はありませんが、西村閑也さん[3]のお名前はよく見かけました。おそらく同じころだろうと思います。

――飛行機に乗ったのは、この時がはじめてですか。われわれのころは、生まれてはじめての飛行機が留学のための外国行きというのはありましたが。今の院生、学部生とかはそんなことはありえないでしょう。

川北　ええ、飛行機もまったくはじめてでした。今は比較的簡単に向こうへ行けますので、西洋史もやはり相当変わってくるべきというか、変わってこざ

1 ロンドン大学歴史研究所（Institute of Historical Research）。ヨーロッパの歴史研究の中心のひとつ。ロンドン大学に所属する。各種のセミナーが開かれ、学会を組織することもある。

2 山之内靖（一九三三－）歴史社会学者、東京外国語大学名誉教授・フェリス女学院大学名誉教授。代表作に『イギリス産業革命の史的分析』青木書店、一九六六、『社会科学の現在』未來社、一九八六など。

3 西村閑也《しづや》（一九二九－）イギリス金融史家、法政大学名誉教授。代表作に『国際金本位制とロンドン金融市場』法政大学出版会、一九八〇など。

るを得ないところがあるんでしょうね。でも、当時はまだ遠い世界でした。僕のころは、アンカレッジなんてものすごく荒涼としていて、そこを通って行きましたから。大学院の同級だった堀井敏夫さん[4]はかなり年上で、僕の数年前にフランスへ行きましたが、シベリア鉄道ですからね。

――中山昭吉先生[5]はいつもシベリア鉄道だったそうです。

川北　阪大でのちに同僚になった、三つ上の合阪學さん[6]、もう亡くなられましたが、彼はかなり前だとは思うけれども、船ですからね。まあそんな時代ですね。

――服部春彦先生[7]が二等船室で行かれたと聞きました。三等船室だったら奴隷貿易をされていたかもしれませんね。

川北　ああ、そうですね。

――はじめてイギリスに行かれたとき、だいぶショックを受けられたそうですが。

川北　一番ショックだったことは、イギリスにはイギリス人がおるとは限らないということ。今の人は、そんなことはあらかじめわかっているからか、鈍感になっているのか、あんまり気にしないみたいですけれども、僕らはすごく

4 堀井敏夫（一九三二‐）フランス近代史家、大阪大学名誉教授。代表作に『パリ史の裏通り』白水社、一九八四など。

5 中山昭吉（一九三〇‐）ポーランド近代史家、京都産業大学名誉教授。代表作に『近代ヨーロッパと東欧――ポーランド啓蒙の国際関係史的研究』ミネルヴァ書房、一九九一など。

6 合阪學《さとる》（一九三七‐二〇〇九）ギリシア古代史家、大阪大学教授。代表作に『ギリシア・ポリスの国家理念――その歴史的発展に関する研究』創文社、一九八六など。

7 本書九八頁、脚注参照。

ショックでしたね。

――当時は、ヒースロー空港に着いてロンドンに行くために地下鉄のピカデリー・ラインに乗りますね。私なんか「えっ、こんなに人種がいるの」と驚きました。

川北　そうですね。地下鉄の運転手は黒い顔をした人だし、車掌さんがターバンを巻いていたりする。バスもそう。僕らが住んだところは、黒人とアイリッシュが多かったから、教科書で習ったようなイギリス人を見つけることは非常に難しい。イメージが全然違いましたね。われわれが習ったような英語を話している人もあまりいなくて、反対に僕らが英語を聞かれたりするような世界だから、それはすごくギャップがありました。

イギリスにかんしてはそのことが一番大きかった。こんなにいろんな人種の人がいるんだということです。それまでイギリスにかんするものの中に、そんなことは全然書いてありませんでした。大塚史学にはこんなのは出てこないですものね。ロンドンだったから余計そうだったかもしれないんだけれども、全然違う世界だというふうに思ったんです。

ハイドパークにて村岡健次さん、川口博先生と（1973年）

ほかにもショックだったことはいっぱいあります。今の大学院生などは、向こうへ行ってもあんまりショックを受けないというのは、日本と生活のパターンが同じになっているというか、日本自体が西洋化していることが影響しているでしょう。ただ、それもあると思うんだけれども、ちょっと鈍感になっているところもあるかもしれないという気もしないではない。

ロンドン郊外のハム・ハウスにて村岡健次さんと（1972年）

イギリスだけじゃなく、ヨーロッパのどこへ行っても、軍隊にかかわるものが非常にたくさんあって、軍隊の基地がいっぱいあったり、町中を軍人が歩いていたりする。いわゆる連隊の博物館みたいなものも各地方にある。僕は戦後の民主化時代に育ってきた人間だから、ああいうものにものすごく違和感がありました。軍事的なものが社会の中に堂々と出てきているんですから。それは、いいとか悪いとかいう問題ではなくて、そのころの日本とは非常に感覚が違うということです。

——今でもそうで、ロンドンにホイルズという書店がありますが、あれだけ軍事関係を集めた書店って、日本ではありえないですね。

川北　そうですね。

ＩＨＲセミナーへの参加

——留学先で、まずロンドン大学のＩＨＲでＡ・Ｇ・ディキンズ[1]に会われたんですね。

川北　はい、あのディキンズさんに会いました。ディキンズさんは、私にインヴィテーションをくれた人ですから最初に会いましたが、ＩＨＲで行われていたセミナーにもかなり出ました。ホブズボーム[2]のセミナーにも出ました。ホブズボームのセミナーは山之内さんと一緒だったと思います。フィッシャーはもう研究をしていなかったのでＩＨＲでは会いませんでした。アーサー・ジョンというあんまり目立たない人でしたけれども、一八世紀史をやっている人のセミナーも山之内さんと一緒に出ていました。そのセミナーはピーター・マサイアス[3]とか、いろんな人が来てセミナーをやりましたので、ずいぶんいろんな

1ディキンズ（Arthur Geoffrey Dickens, 1910-2001）イギリス近世史家、ロンドン大学教授。歴史学研究所（ＩＨＲ）所長。代表作に『ヨーロッパ近世史――ユマニスムと宗教改革の時代』共立出版、一九七九など。

2ホブズボーム（Eric Hobsbawm, 1917-）イギリスの歴史家、ロンドン大学名誉教授。代表作に『資本の時代　一八四八－七五』全二巻、みすず書房、一九八一－八二、『市民革命と産業革命――二重革命の時代』岩波書店、一九八六、『わが20世紀――面白い時代』三省堂、二〇〇四など。

3マサイアス（Peter Mathias,1928-）イギリス経済史家、元オックスフォード大学教授。代表作に『最初の工業国家――一七〇〇－一九一四』日本評論社、一九七二など。

人に出会いました。

マサイアスさんは、オックスフォードでの皇太子殿下の指導教官ですね。ちなみに、殿下の学習院での指導教授は湯沢威君[4]で、京大西洋史で二年後輩です。産業革命をやるといって一橋の大学院にいきました。マサイアスさんは、当時は、ベネルックスなど、ヨーロッパの小国の経済を扱った報告をして、とても興味深かったです。イギリスがECに加盟する時期でしたので、「ヨーロッパ志向」のような感じがしました。

ジョン・ハバカクとの出会い

――それから、オックスフォードでハバカク[1]に会われた。

川北　ハバカク先生は、あのころはオックスフォードのコレッジの長になっていましたので、オックスフォードまで会いにいったんです。

この話をしていいかどうかわからないんだけれども、IHRのコモン・ルームにいたとき、「来週どうする」と誰かに言われたから、「来週はオックスフォードに行ってハバカクに会う」と言ったんです。すると、後ろのほうから「ハバカクってだれだ」という声が飛んできたんです。「そいつは何国人だ」と言

4 湯沢威《たけし》（一九四〇－）イギリス経営史家、学習院大学教授。代表作に『イギリス鉄道経営史』日本経済評論社、一九八八など。

1 本書八三頁、脚注参照。

イートン校にて

うから、「オックスフォードの先生だからイギリス人だと思うよ」と言ったら、「でも、名前が特定の方向を指している」と言うんです。旧約聖書に「ハバカク書」というのがあるんですが、だから彼はユダヤ人であると。こんなことがあるんだとものすごくびっくりしました。

　オックスフォードには、僕の大学院時代に京大に留学していた江戸時代の思想史研究者のマクマレンという人がいて、京大に世話になったからとか言って、ハバカクのところに取り次いでくれました。実際に会ってみると、ハバカク先生は非常に温厚な人でした。それで「どれぐらい、いていいものか」とマクマレン君に聞いたら、「まあ一時間ぐらいのものだ」と言われんたんだけれども、僕はずっとしゃべってしまって、夕方までいたんです。

　そうしたら、工業史を出したランデス[2]が来たんですよ。ランデスが来てしよ

2 ランデス（David Landes, 1924）アメリカの経済史家、ハーヴァード大学名誉教授。代表作に『西ヨーロッパ工業史——産業革命とその後　一七五〇－一九六八年』全二巻、一九八〇など。

うがないから帰ったという次第です。ハバカク先生とはそれぐらいです。その後も抜き刷りをもらったりしましたけれどもね。向こうで会った人のなかでは、ハバカク先生とデイヴィズ先生[3]がとくに印象深いですね。

——ハバカクは、当時、ジェフリー・アーチャーの『百万ドルを取り返せ』（新潮文庫）で実名が出て世界的に有名になった、ちょうどそのころに会われたのですね。

川北　それはあります。帰ってきてからアーチャーの翻訳が出たので見たら、ハバカクが帽子を被せに行ってきたところ（卒業式のこと）だといって、同僚と歩いてくる場面がありました。ハバカク先生は、最終的にはオックスフォードの、まあ日本風にいうと総長になって、サーの位をもらって貴族にまでなってしまいました。

——ハバカクは、オブライエン[4]の指導教授ですし、ジェントルマン資本主義で有名なピーター・ケイン[5]の指導教授でもあります。

川北　そうですね。

——ハバカクには面白い話があります。彼は、学生の博士論文を見て、細かいところまでちゃんと確認するんだそうです。ある学生が、ここはどういう

3 本書九四頁参照。
4 本書三九頁、脚注参照。
5 ケイン（Peter Cain, 1941-）イギリス経済史家、シェフィールド・ハラム大学名誉教授。代表作にアンソニー・ホプキンズと共著の『ジェントルマン資本主義の帝国』全二巻、名古屋大学出版会、一九九七など。

意味か、ここのセンテンスはどういうことだといろいろ言われたので、「わかりました。僕が間違えていました。博士論文としては失格ですね」と言って出て行きそうになった。すると「いや、待て待て待て。君の博士論文はすごくいいから、ここに座りなさい」と言ったんだそうです。そういう指導をしていたと、ピーター・ケインから直接聞きました。

ラルフ・デイヴィズとの出会い

川北　オックスフォードとレスターではだいぶ雰囲気が違いましたね。

――ああ、レスターは比較的新しい大学ですからね。デイヴィズは、当時、副学長だったでしょうか。

川北　ええ、そうですね。奥さんも州議会の議長か何かだったので、それは大変でした。副学長のデイヴィズさんが自分で車を運転して、僕を送ってくれたこともあります。

――先生から見て、デイヴィズの影響というのは、非常に……。

川北　そうですね。越智先生がイギリスのハル大学に行かれたときはディケンズさんが主任教授で、デイヴィズさんが、日本式にいうと助教授とか、講師

ケンブリッジ大学歴史学部にて（1973年）

だったんです。そのときは、デイヴィズさんがちょっと体を壊していたこともあって、あんまり深い接触はなかったようなんですけれども、それでも非常に歓待してもらいました。

　僕が貿易にかかわってやってきた仕事は、じつはデイヴィズさんの仕事がベースになっていて、それはもう非常に大きな影響を受けています。僕が日本に帰ってきてから、彼が本を書いたからといって *The Rise of the Atlantic Economies*[1] という本を送ってくれたんですが、これはすごかった。Minoru Kawakita, Osaka Women's College, Japan「川北稔、大阪女子大学、日本」の三行で来ましたからね。

　本の話をすると、デイヴィズさんは、わりあい禁欲されてというか、基本的には貿易史というか海事史に限定していろんな仕事をしておられたから、それはそれでものすごくデータとして大きかった。ただ、最後のほうに遺著のようになった、産業革命時代の貿易史のデータがあるんですが、あれはほとんど使われていないので、僕自身、まだ元気が残っていたら、あれを利用した仕事が何かできたらいいなと思っています。

1―Ralph Davis, *The Rise of the Atlantic Economies*, London, 1973

エリック・ウィリアムズとの出会い

——エリック・ウィリアムズ[1]とはどのようなきっかけで出会われたのでしょうか。

川北　エリック・ウィリアムズとの最初の出会いは大学院のときです。たぶん今津先生が呼ばれたんだと思いますが、当時は海外から人を呼ぶということがなかなかできない時代でした。アメリカはお金があったから、教授を海外へ派遣するスキームがいっぱいあったんだけれども、それでもああいう時代ですから、すごく偉い人は来ない。何もなくて、日本なんかへ行くのは遊びに行くようなものだから、フランスやイギリスの歴史家でもほんとに偉い人は来なかったわけです。

だから、豊田さんに言わせると「ソブールは来るけれども、ブローデルは来《こお》へんで」と。そういうところがあったわけです。それで、アメリカ人でもうだいぶ歳をとっておられましたが、ローウェル・ラガツという人が来日して、半年か一年か忘れましたが、京大で講義をしました。あれはケネディが暗殺された年でしたね。

——一九六三年ですね。

1エリック・ユースタス・ウィリアムズ（Eric Eustace Williams, 1911-81）カリブ海史家、トリニダード・トバゴの初代首相。イギリス資本主義の発展に奴隷貿易が大きく寄与したと主張したことで有名。代表作に『資本主義と奴隷制』理論社、一九六八など。

川北　うん。僕はその講義に出ていました。ラガッツさんは、じつはなかなか認められなかったウィリアムズを最初に認めた人の一人で、ちょっとそんな話をしておりまして、そのときウィリアムズのことを知りました。ラガッツさんの講義自体はじつにくだらなかった。日本人は英語がわからへんということもあって、彼もどうしていいかわからなかったんでしょう。だから、鉄砲を撃つ格好をして奴隷狩りの実演をしたり、それはバカみたいな講義をやって、ちょっと腹が立ちました。でも、ときどき言ってくれる学史みたいな話は非常に面白くて、それで、ウィリアムズのことをちょっと知ったんです。

もう一つ、『資本主義と奴隷制』（理論社、一九六八年）という本を中山毅さんという西洋文学の先生が訳されていたので、それも読みました。

――ああ、そうなんですか。中山さんというのは西洋文学の先生ですか。

川北　西洋文学の先生です。僕は知らなかったんですが、「こんなん出ているで」と前川先生が言ってくれはったんです。読んでみるととても面白かった。そこが出発点です。ただ、僕がイギリスへ行ったとき、七二年とか七三年ごろだと、ウィリアムズの話というのは、まだそんなに通じませんでした。ちょっとの違いだと思いますけれど、そんな時代でした。

カリブ海文学などポスト・コロニアル的な研究は、向こうでは少し本格的になってきていた時代ではありますけれども、なお、ヨーロッパ中心史観が強くて、向こうでもウィリアムズの考え方を産業革命の研究なんかで大きく取り上げるとか、そんなことは全然なかった時代です。日本ではなおさらありません。日本は、ウィリアムズの本を西洋文学の人が訳していたような時代です。非常にいい訳ですよ。ものすごくしっかりした訳ですけれども、日本で歴史家が取り上げるということはなかったんです。それを前川先生が知っておられたというのは、慧眼だと思います。

前川先生は、気楽な感じでしたが、そこはやっぱりすごかったと思います。井上先生、前川先生の両教授は、昔の文学部の先生って大方そんなところがあったけれども、本当に授業が少ない。井上先生は一年間で三回ぐらいしか講義をしないとか言われましたし、前川先生は三〇分ぐらい遅れてきて、三〇分ぐらい早く帰られる。「遅う来たから早よう帰らにゃあいかん」とか言って（笑）。それでも要所は押さえておられたのだと思うんです。それは非常にありがたかった。

僕自身は、ウィリアムズはすごく面白いと思っていたんですけれども、まだアングラの雰囲気が強くて、メインのところであんまり言うようなものではありませんでした。

ウィリアムズとの関係ができてきたのはずっとあとです。岩波書店の石原保徳さんという編集者が「大航海時代叢書」[2]をずっとやっていて、彼が『コロンブスからカストロまで――カリブ海域史 一四九二―一九六九』（岩波書店、一九七八年）の翻訳をしないかといって持ち込んでくれたんです。本格的にウィリアムズとの関係ができたのはそれからだと思いますが、ウィリアムズにかんしては、いろんなことがあって、エピソードは無数にあります。

だいぶあとの話ですが、僕が阪大にいたとき、ウィリアムズの長女から阪大総長あてに手紙が来ました。「阪大に、昔、川北というのがいたはずだけれども、生きておったら本人に連絡してくれ。死んでいたら遺族に連絡をしてくれ」とあって、「あんた、まだ生きてるやろ」と総長にからかわれました。この手紙がきっかけで、のちのち面白い展開があるんです。

パウエル[3]というアメリカの国務長官がいたでしょう。ウィリアムズの長女は結婚してフロリダにいるんですが、彼女がパウエルに働きかけて、パウエルが尽力をして「ウィリアムズ・コレクション」というのが世界遺産になったんで

2 「大航海時代叢書」第二期。岩波書店のシリーズ（一九七九－八八）。

3 パウエル（Collin Powell, 1937-）アメリカ合衆国初の黒人国務長官（二〇〇一－〇五）。

す。世界遺産というと、日本では文化遺産と自然遺産ぐらいしか知られていませんが、実はいろいろあって、文化遺産の一部なのかもしれないけれども、「世界の記憶」というのがあるんです。「世界記録遺産」という訳語がときどき使われていますが、日本のものがひとつも指定されていないので、日本人は全然知らないんです。中国とか韓国とかのものはいくつか指定されていて、韓国の「訓民正音」関係の史料とか、要するに、放っておくと散逸して滅茶苦茶になりそうな史料のセットが指定されるんですが、ウィリアムズ関係の文献というのがそれに指定されたんです。

ここでウィリアムズの長女からの手紙の話に戻りますが、その長女が「あなたが日本で書いたものをすべて送ってください」と言ってきたんです。すべては送らなかったのですが、いくつかは送ったので、私の書いたものが世界遺産になっているんです。どういう形になっているかは知りません。このあいだ、私の年上の教え子がトリニダード・トバゴへ行ったので、見てきてもらえばよかったのですが。

ウィリアムズのことでいえば、こんなこともありました。四、五年前に突然早稲田の女性の先生から電話がかかってきて、会いたいと言われたので、四条河原町で会ったんです。とても元気な方で、何を言うのかなと思ったら、ウィリアムズの『資本主義と奴隷制』の新しい訳が出たんだけれども、その訳があまりにもひどいと。こんなものは放っておいたらあかん、けしからんという。それで、先生どう思いますか、という。まあたしかに翻訳はかなり悲惨。というのは、ウィリアムズがあれを書いたところ、彼は基本的にマルクス主義者だったんですが、新訳したアメリカ文学か何かの人は、それがわからないんです。だから、無茶苦茶な訳になっているんです。

そういう話をほかでしていたら、そのあとその女性は札幌へ飛んで――元の訳者の中山さんというのが北大の先生でしたから――北大へ話を持ち込んで、中山さんに会わせろと迫ったらしいんです。名誉教授の住所なんて教えないから、えらい騒ぎになったらしいんだけれども、とことん粘って、結局、中山さんに会いましたといって連絡が来ました。これは非常に面白かった。

――『コロンブスからカストロまで』の先生の翻訳は、私は大学に入ったころに読みました。一回生でしたけれども、よくこれだけ幅の広いことを訳せたものだと思いました。あれを訳すのは相当大変だったんじゃないでしょうか。

川北　ああ、あれは大変でした。家庭的にもいろいろあった時期だったので、

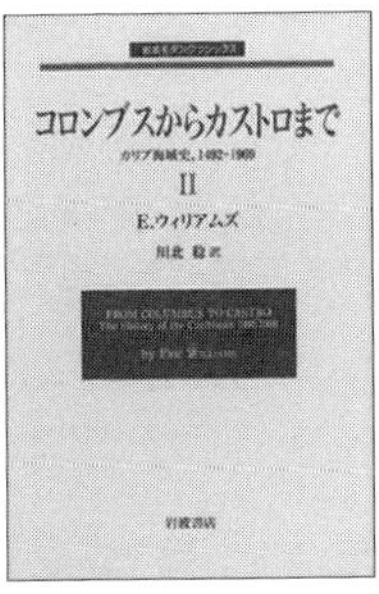

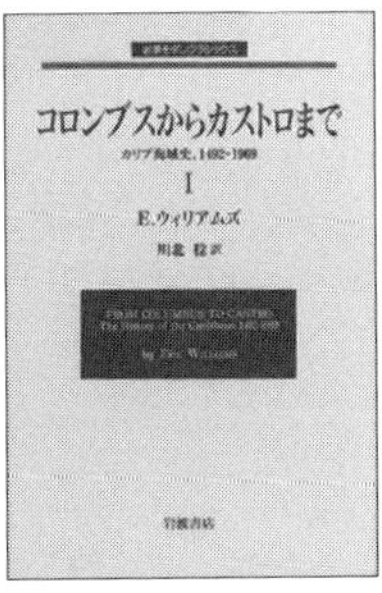

すごく大変でしたが、知らないことばっかりで面白かったですよ。ウィリアムズに直接手紙を出して変なことを聞いたりして、恥ずかしかったこともいっぱいありますが……。カリブ海のことに多少関心をもっていたといっても、そんなに広く知らなかったですからね。でも、さっきも言ったように、翻訳はしんどいけれども、非常に力を込めて書かれたような本の翻訳をすると、何かひとつ開けるんです。あれは私にとって非常に役に立ちました。

コラム　ブローデルとウォーラーステイン

「ブローデルはえらいけれども、ウォーラーステインは粗雑だ」とうそぶくフランス史家や、「ウォーラーステインはアジアのことを知らない」と非難する東洋史学者には、よく出くわします。ウォーラーステインは歴史家ではありませんので、ある意味ではこれらの主張は、当然のことで、彼自身にとっては、痛くもかゆくもないことだと思います。

　私自身は、カリブ海域史の創始者ともいえるエリック・ウィリアムズの歴史学から、ウォーラーステインら「従属派」の議論にすすみましたので、じつのところ、ブローデルからウォーラーステインへの継承関係については、あまり詳しくは知りません。ながくウォーラーステインのもとにいた山下範久さん[1]などのほうがお詳しいでしょう。ただ、ブローデルの評価については、おもしろい想い出があります。

　ふつう、アナール学派については、ルシアン・フェーブル[2]やマルク・ブロック[3]らの第一世代に対して、フェルナン・ブローデルが第二世代、そして第三世代は人類学の影響を強くうけたル・ゴフ[4]らの世代とされています。しかし、私が大学院のころには、雑誌『アナール』が数量化の傾向を強く示しており、多少とも統計のようなことを勉強していた私に、大先輩が「どうも、グラフや表の読み方がわからない

1 山下範久（一九七一－）社会学者・世界システム論研究者。立命館大学准教授。代表作に『世界システム論で読む日本』講談社選書メチエ、二〇〇三など。

2 フェーブル（Lucien Febvre, 1878-1956）フランスの歴史家。『アナール』を発刊。代表作に『フランス・ルネサンスの文明』ちくま学芸文庫、一九九六など。

3 ブロック（Marc Bloch, 1886-1944）フランスの歴史家。『アナール』を発刊。第二次世界大戦でレジスタンスに参加し、ドイツ軍に銃殺される。代表作に『封建社会』岩波書店、一九九五、『歴史のための弁明』岩波書店、二〇〇四など。

4 ル・ゴフ（Jacques Le Goff, 1924-）フランスの歴史家。アナール第三世代のリーダー。代表作に『煉獄の誕生』法政大学出版局、一九八八、『中世とは何か』藤原書店、

ので、読んでくれないか」といわれたことがあります。つまり、ブローデルから第三世代に直接転換したのではなく、途中に社会経済史研究全体の大きな流れとして、数量化の時代があり、その行きすぎた数量化への反省として、生活の実態を重視する人類学的な手法の導入があったということです。このことについては、私自身、いろいろなところで説明しましたが、さしあたり、「『残余の要因』から全体史へ」（竹岡敬温・川北稔編『社会史への途』有斐閣、一九九五年か、『七隈史学』［福岡大学］創刊号、二〇〇〇年所収論文）を参照してください。しかも、私の印象では、この数量化時代の雑誌『アナール』を読んでいた日本人は、阪大名誉教授の竹岡敬温さん[5]など、ごく少人数だと思います。

私がはじめてブローデルの名前を知ったのは、フランス帰りの豊田堯先生[6]（大阪大学）の帰朝報告でした。当時、日本では、戦後史学の市民革命論が全盛で、フランスの歴史家でもっともよく知られていたのは、アルベール・ソブールでした。私も、京都でのかれの講演は、感動をもって聞いた記憶があります。しかし、豊田先生は、独特の断定調で、「フランスでは、ソブールなどたいした歴史家ではなく、権威はブローデルだ」といわれたのです。とはいえ、この時点で、ブローデルを読みこなしていた日本人もごくわずかであっただろうと思います。

というより、ブローデルは、多くの大部な翻訳の出た今日にいたっても、日本の歴史学には、直接的には、ほとんど影響を与えていないといえるのではないでしょ

二〇〇五など。

5 竹岡敬温《ゆきはる》（一九三二－）フランス近代史家。大阪大学名誉教授。代表作に『近代フランス物価史序説』創文社、一九七四、『「アナール学派」と社会史』同文舘出版、一九九〇など。

6 本書八四頁、脚注参照。

うか。しかも、じつは、ブローデルの学問自体の性質に、その原因があるように私は思います。つまり、ブローデルのやっていることは、基本的に歴史叙述であって、理論化の作業ではないということです。彼がアメリカの大学で行った講義（もとは英語。フランス語版からの訳は、金塚貞文訳『歴史入門』太田出版、一九九五年／中公文庫、二〇〇九年）などは、歴史叙述というより、「考え方」そのものを表明した著作ですが、それでもなお、ほかの歴史家が、それを元に他の地域や時代の歴史を書くための前提とか、「方法」とかにはなりにくいものです。ましてや、かれの主著のような大著は、じっさいのところ、読むのもかなり退屈で、ブローデルがすごいという意味は、私にはあまりよくわかりません。

これに対して、「従属派」としてのウォーラーステインの議論は、賛否はともかくとしても、論理的にきわめて明快であり、それをもとに世界史を書くことが可能です。

また、ウォーラーステインは、アジアを知らないなどとうそぶく東洋史研究者が、「西洋史」をウォーラーステインがアジアを扱ったほどにも扱えたためしを、私は知りません。古典的な「東洋史」研究から出てきた理論やテーゼが、ヨーロッパの歴史研究に大きな影響を与えた例も、ほとんど見つけられません。「世界史を書く」ということは、たいへんな努力を要します。「ないものねだり」的な狭い視野に閉じこもっていては、アジアから世界を見るということも難しいでしょう。

ところで、ウォーラーステインの『近代世界システム』第一巻の膨大な参考文献リストをみたとき、それが、私が学部のときから必死で読み込んできたもののリストとほとんど一致していることに気づきました。だから私は、いささか口幅ったいのですが、あれを訳す人間としては、私が最適であったと確信しています。その文献渉猟の徹底ぶりを知れば、彼は歴史家ではないとか、アジア史を知らないなどという、それ自体は間違いないとしても、いささか高踏的な批判はなくなるのでは、と考えます。

また、ブローデルとウォーラーステインとでは、出発点の問題意識がまったく異なります。現代アフリカを専門とした社会学者のウォーラーステインにとっては、アフリカがなぜ「低開発化」されたのか、なぜ「開発」の方向に向かいにくいのか、言い換えれば、なぜ南北問題があり、なぜそれが解決しにくいのか、が問題であったわけです。他方、ブローデルは、さまざまな物質世界の問題をひろく論じてはいますが、そのベースはヨーロッパ史であり、地中海史であり、フランス史です。つまり、本質的に、ヨーロッパ中心史観から自由ではありません。ウォーラーステインは、ブローデルから、「世界」を主語とする歴史を学びましたが、その「世界」が、いまやグローバル（地球大）になっていることを問題として、そのなかで、「周辺」（辺境）に位置づけられた地域の問題を論じたわけです。一言でいってしまえば、ブローデルの世界史は、所詮「地中海世界史」であって、今日のグローバリゼーションまでを視野に入れられるものではないように感じます。

他方、私にとっては、F・J・フィッシャー以来の、歴史学と低開発論の接点[7]に問題関心の基本がありますから、ウォーラーステインはきわめて魅力的なのです。貿易の研究をしても交易の両側にいる人間の生活が具体的にみえてこないものであれば、私はあまり楽しいとは思いません。

ところで、ウォーラーステインがブローデルから借用した最も重要な概念は、「ワールド・エコノミー」でしょう。私は、「世界経済」と訳しましたが、もう少し誤解されにくい訳語があったかな、といまも気になっているもののひとつです。「国民経済」の対語として読んでもらえればいいのですが。ウォーラーステインの場合は、世界システムには「世界帝国」と「世界経済」の二つの具体像があるとされており、前者は政治的統合をもつもの、後者は政治的には統合されていない、たんなる分業体制とされています。さらにいえば、「世界経済」のまま長期的に継続しているシステムは、われわれの近代世界システム以外にはない、ともされているわけです。他の歴史上の世界システムはすべて、ほぼ政治統合されてしまった「帝国」であったということです。

また、一六－一七世紀のヨーロッパを中核とする「世界経済」について、ブローデルがアジアを含めているのに対して、ウォーラーステインは、アジアをシステムの外部にあったものと理解しました。ラテンアメリカの銀が、ヨーロッパを通り

7本書九一頁参照。

抜けてアジアに至ったことを中心に、「銀がつなぐ世界」というような姿を描くと、ブローデルのような理解になるのだと思います。しかし、この時代のアジア――インドであれ、中国であれ、東南アジアであれ――が、なお、十分に自律的な生産や流通の構造を維持していたことを考えると、ウォーラーステインの立場になるわけです。インドの生産構造が、ヨーロッパを中核とすると世界市場むけに再編され、プランテーション型となっていくのは、一八世紀後半ですし、中国の場合は、ずっとのちのことでしょう。

ここでもブローデルは、アジアの商品がヨーロッパに流入したという事実しかとらえておらず、はなはだヨーロッパ中心的で、アジアの生産構造の再編などにはあまり関心を示していません。ですから、「アジアを知らない」という批判は、ウォーラーステインではなく、ブローデルにこそ向けられるものです。

Ⅳ 「世界システム論」の考察

8　ふたたび阪大へ

阪大に戻る

――阪大に戻られたのは一九七六年の四月ですね。そこでまた新しい道が開けてきたと思うんですが、阪大へどういう経緯で戻られたんでしょうか。

川北　いずれ戻すというようなサジェスチョンは、わりあい早い時期にありましたが、実際にはかなり遅れたんです。

ただ、どこまで言っていいかわかりませんが、非常にややこしいことがたくさんありました。阪大へ帰ることについて、阪大のほうは問題なかったと思います。阪大に近世史講座というのができていて、私はちょうどそれに当てはまるのでよかったんですけれども、越智先生は正直なところ、反対だったんです。京大に帰ってもらうと考えていたということで、かなり憤慨しておられた。

越智先生は、京大でなければ、というところがあったんだと思うんです。でも、僕は京大へはその後も何回か誘われたけれども帰りませんでした。阪大でやっていても楽しかったし、それでよかった。西洋史にかぎらず文系ということでいえば、卒業生で一流の研究者になっている人は京大のほうが多い。だから、卒業生の人事とか、勲章をもらうとかになると、阪大は不利です。玉木さんのように、私学の人はもっと不利かもしれないですよね。東大や京大の教員になることが、人生のゴールみたいに考えている人からすると、僕の行動は理解できなかったかもしれません。じっさい、東洋史の某大先生には、あとでとても不思議がられました。駆け出しの院生までが、「天下の京大東洋史」などといいかねない雰囲気のなかにいると、ほかにも住みよいところがあるということは、理解しにくかったのでしょう。だけど、そんなことは僕らにはあんまり関係ないわけだから。むしろ楽しくやれたと思いますね。まあそういうトラブルはありましたが、その後、阪大文学研究科では、私が京大に移動しなかったというので、考古学の都出比呂志君[1]をはじめ、同様の行動をする人が何人か現れたので、とても愉快に活動ができました。

むしろ大阪女子大を出るのが大変でした。ゼミ生がいっぱいいて、私らはど

1 都出比呂志（一九四二－）日本の考古学者、大阪大学名誉教授。代表作に『日本農耕社会の成立過程』岩波書店、一九八九など。

うしてくれるんですかと言う。だから、僕が阪大へ移って二年間ぐらいは、大阪女子大の学生がいっぱいモグリで授業に来ていました。

『講座西洋経済史』の執筆

――このころから、誰もが知る川北先生の本格的な活動がはじまったと思います。私が興味深いのは、『講座西洋経済史』（同文舘出版）で、あれは一九七八年ごろから出ましたね。それを読んで、私は「川北稔」という名前を高校生のときにはじめて知ったわけです。当時の高校生でこういうのを読むのは、べつにそんなに珍しくなったんですけれども、今はたぶんほとんどいないと思います。

川北　今はもう全然違いますね。

――この講座と、その次の『工業化の歴史的前提――帝国とジェントルマン』（岩波書店、一九八三年）――本来は副題と主題が入れ替わって『帝国とジェントルマン』となるべき本だったわけですが――この二冊には共通点があると思います。とくに講座のほうは、岩波書店から出た『西洋経済史講座』を意識したつくりで同じように全五巻で、要するに、反大塚史学であった。『工業化

の歴史的前提』にもそういうところがあります。このあたりの事情をお話いただければ幸いです。

川北　『講座西洋経済史』のほうは、私がどうしたというよりも、角山先生が引き受けられた仕事で、一緒にやってくれということだったので、古いところを私がやることになったんです。大塚史学[1]と違うようなスタイルの研究がある程度出てきていたんだけど、教科書だとか通史とかいう話になると、まだずっと大塚史学が優勢であるというような状況でした。だから、非大塚史学の形でまとまったものができるか、できないか、そんな状況だったと思うんです。

角山先生には相当風当たりが強かったみたいで、「失敗だった」と言ってこられたこともあるようです。いわゆる大塚史学でやってこられた人たちが、もう物を書かないけれども、まだお元気でおられて、文句だけは言うという、そういう時代だったんです。今は僕らがそうなっているかもしれないけれども。角山先生は人からいろいろ言われたんじゃないですかね。僕にはそんな風当たりはありませんでした。

それはさておき、いまだに書いていないんですが、いちおう、僕の産業革命史論というふうなものがあの本にあります。死ぬまでのあいだに、もうちょっ

1　本書四九頁、脚注参照。

と滑らかな叙述のスタイルで、ああいうものを書きたいなと思っていてはいるんですけれども、実際に書いてみると、あれとあんまり内容的に変わらないかもしれない。ああいうことってそんなに変わっていないですからね。部分的にちょっと詳しくなったとかそんなのはありますが、あのころとそう変わっていないと思います。

「産業革命論」というのは、言葉は誰でも知っているけれども、日本人が書いた日本語の「産業革命論」というのは基本的にないんです。翻訳は一、二ありますが。ポール・マントゥーの本[2]は包括的だけれども、あれは大昔の本ですしね。わりあい最近のものでいうと、大倉さんの訳されたハドソンのもの(P・ハドソン著/大倉正雄訳『産業革命』未來社、一九九九年)とかありますが、でも、日本人が書いた「産業革命論」ってないんです。

だから、そういうものを書きたいと思いますけれども、その場合には、やはり『講座』で書いたものがベースになるだろうと思います。僕にとってあの仕事は、普段書いている論文などの周辺というか、全体像みたいなものを知るうえではまあよかったし、農業の問題についても一応考え方を提示できたという点ではよかった。農業史の論文を自分が書くかというと、たぶん書かないと思

2 ポール・マントゥー著/徳増栄太郎ほか訳『産業革命』東洋経済新報社、一九六四。

うから、ああいう機会があってよかった。

私の産業革命論となると、「帝国とジェントルマン」の命題が前提になるはずです。国内の投資や消費の問題については、地主ジェントルマンの役割について、早くからハバカクの議論が出ていますし、帝国の問題については、ウィリアムズの『資本主義と奴隷制』にかかわる議論が出発点になるはずです。しかも、全体は、需要の展開に発展の原動力を求める展開になるはずです。綿織物や陶器や鉄にみられるように、アジアや東北欧などの商品の「輸入代替」過程としてとらえることになるでしょう。産業革命をこのように捉えると、二〇世紀最後の四半期に盛んに闘わされたイギリス経済の衰退をめぐる論争とも、つながりがみえてくると思います。そこでは、イギリス産業革命の典型性というより、その早熟性ないし古拙性が問題にされるからです。[3]

――大塚史学では、イギリス経済の担い手がヨーマンであり、国内市場が重要視されたのに対し、『工業化の歴史的前提』では、ジェントルマンがイギリス経済の担い手であり、海外市場が重視され、とりわけカリブ海との奴隷貿易が工業化の歴史的前提として重要であったとされる大きなスケールの作品です。最近のイギリス人が書いた研究、たとえばロバート・アレンのもの[4]を読んでい

3 コラム「イギリス衰退論」（六七頁）参照。

4 Robert C. Allen, *The British Industrial Revolution in Global Perspective*, Cambridge, 2009.

ても、このような大きなスケールでは描いていません。

ウォーラーステイン『近代世界システム』の翻訳

——一九八一年にウォーラーステインの『近代世界システム——農業資本主義と「ヨーロッパ世界経済」の成立』の第一巻の翻訳を出されました。どういう経緯でウォーラーステインを知られたのでしょうか。

川北　第一巻が出たとき、あとで読もうと思って買っておいたところ、「あれはどうですか」と岩波書店の編集者に言われたんです。先に言いましたように、ウォーラーステインは膨大な文献目録をつけているんですが、そのほとんどは私が読んだことがあるもの——つまり、だいたい同じような読書をしていたわけで——だったので、非常に興味があって買っておいたんです。ただ、農業史みたいなことが副題についていたりしたので、はじめは全然読まなかったんです。

でも、読んでみたらすごく面白い。もっとも第一巻は非常に悪い英語なので、実際は読みづらいんです。あの本は、たぶん普通の人が読んでも読めないと思います。今言ったように、僕はほとんど同じぐらいの文献を読んでいたので訳

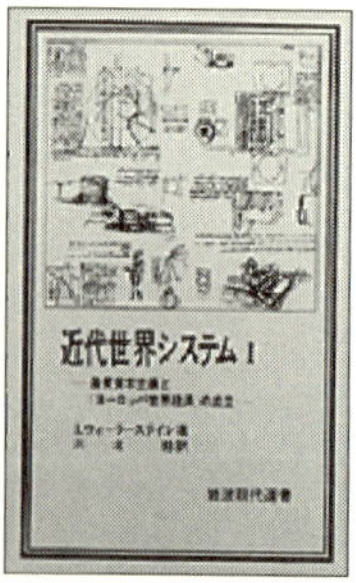

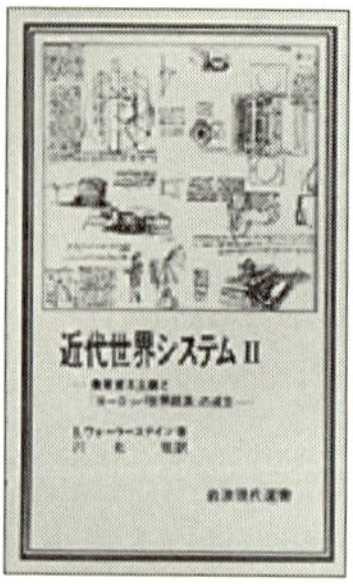

せましたけれども、普通の人はたぶん訳せない、読み切れないと思うんです。京大に本山美彦さん[1]という人がおりまして、彼が京大のゼミで川北の翻訳は使わないで原書をやろうといって読書会をやりはじめたけれども、三ページも進まないうちにアウトになった。「結局、君の翻訳に戻った」と言っていました。元の英語自体、間違いがいっぱいあって、非常にラフなところがありますので、たいへん訳しにくいのです。僕自身、理屈そのものについては、第一巻を読み終わってもすぐには了解できないようなところも出てきた。いろいろやっているあいだにだんだんわかってきたので最後まで訳せたんです。

だいたい邦題をどうするのか、非常に困りました。今では皆さん、当たり前だと思われるでしょうが、「world system」をどう訳せばいいのか、非常に困った。いろいろ考えて、結局は「system」は「システム」としか言いようがないだろうとなったんです。まあ私の訳語がいちおう定着したのですが、訳語が定着するというのは、翻訳者にとってうれしいことです。

訳語でひそかに自慢しているのはほかにもいろいろあるんですが、たとえば、イギリス史でロンドン以外の港を意味する“out port”という言葉を「地方港」と訳したのは僕なんです。これもだいたい定着したと思います。数年後に

1本山美彦（一九四三－）世界経済論の研究者、大阪産業大学教授・京都大学名誉教授。代表作に『貿易論序説』有斐閣、一九八二、『国際通貨体制と構造的権力――スーザン・ストレンジに学ぶ非決定の力学』三嶺書房、一九八九など。

翻訳したウォーラーステインの“historical capitalism”を『史的システムとしての資本主義』（岩波書店、一九八五年）というふうに僕は訳したんですが、編集者の中には「史的」というのは、こんな言葉は聞いたことがないから「歴」が落ちているのと違いますかといって言ってきた人もいましたね。その若い編集者はそう思ったんだろうけど、僕らの世代だと「史的唯物論」というのは当たり前の、何でもない普通の言葉だったんですけどね。ほかにも、重要な言葉としては、「近世」（early modern）という言葉を西洋史でも、中世と近代のあいだの時代を示す言葉として利用しようということは、阿部謹也さん[2]と二宮宏之さん[3]と三人で話しあったことがあります。言葉自体は昔からありましたが、西洋史では、「近代」と同義語とされていましたので。

そういうわけで、ウォーラーステインの議論への理解も徐々に進んだのであって、はじめからよくわかっていたわけではありません。ただ、従属理論[4]みたいなものは、ほかにいろいろ知っていましたから、そこでの理解はしやすかったと思います。

とはいえ、ウォーラーステイン自身の考え方が途中で少しずつずれて行きますから、最初の訳が完璧だったかどうかは、今もわかりません。まあ私が思っ

2 阿部謹也（一九三五－二〇〇六）ドイツ中世史家、一橋大学教授・学長。代表作に『ドイツ中世後期の世界』未來社、一九七四、『ハーメルンの笛吹き男』平凡社、一九七四など。

3 二宮宏之（一九三二－二〇〇六）フランス近世史家、東京外国語大学教授。代表作に『全体を見る眼と歴史家たち』木鐸社、一九八六、『フランス・アンシアン・レジーム論』岩波書店、二〇〇七など。

4 後進国は先進国に原材料や農作物を輸出し、工業製品を輸入するという構造に埋め込まれてしまうので、後進国は工業化できず、第一次産品を輸出するしかない経済状態に追い込まれるとする理論。マルクス主義の影響が強い。

ていたよりは広く読まれて、非常に大きなインパクトとなって一種の「現象」が起こりましたから、それは非常にありがたかった。マルクス主義の歴史学――元のままでは一国経済史みたいになっているマルクス主義――というのがどうもうまくいかなくなってきて、何か別の考え方がいると思っていたところにうまくマッチしたということもあると思います。

――私は、ブローデルはよくわからないんですが、ウォーラーステインのほうはわかると思っています。ブローデルは何というか特殊フランス的なところがあって、ちょっと理解できないんです。ウォーラーステインは、ブローデルと違って、問題関心を現代まで引きつけていますね。まあ、『近代世界システム』では現代まではまだ書けていないけれども。

川北　そういうことですね。開発論とかとつながりがもてた点など非常に大きいことだと思います。

この人・この3冊

川北　稔・選

阿部　謹也

❶ハーメルンの笛吹き男（阿部謹也著／ちくま文庫／756円／筑摩書房版『阿部謹也著作集１』にも所収）
❷刑吏の社会史（阿部謹也著／中公新書／693円／『同著作集２』にも所収）
❸中世を旅する人びと（『同著作集３』所収／6510円／平凡社刊の単行本は品切れ）

和田　誠

阿部謹也さんとのおつきあいは、フランス史の二宮宏之さんと三人で、百科事典の西洋史関係の編集をして以来で、すでに四半世紀を越えた。社会史が、従来は夢想だにできなかった話題を、つぎつぎと取り上げ始めた頃だから、編集会議は、談論風発してじつに楽しかった。「近世」という用語を、西洋史でも使おうと「談合」したのもこの席であった。しかし、二宮さんについで、阿部さんまでが帰らぬ人となったいま、「社会史時代」の終焉《しゅうえん》を見る思いで、喪失感は耐え難い。

最初に『ハーメルンの笛吹き男』から受けた不思議な感銘は、忘れられない。そこでは、一三世紀ドイツの一都市に起こった出来事が、一方での民衆の苦難の生活のなかで育まれ、他方では、支配層に属する知識人たちの思惑にも影響されつつ、世界的な「民話」として、記憶され、改変され、伝承され、研究されていく様子が丹念に語られている。さまざまな差別を受けた人びと、寡婦と子供の立場、移住、飢饉と疫病、アジール、市の開催権と裁判権にかかわる都市社会の問題、支配層の文化と民衆の生活文化など、のちの「阿部社会史」のあらゆる要素が、すでにここにちりばめられていた。

しかし、阿部さんの真骨頂が、一般の読書人に広く認識されたのは、『刑吏の社会史』からであったかもしれない。中・近世をつうじて、差別を受けた者の哀しみと差別をする側の恐怖感という二重旋律が、この本の全体を流れている。たんに模範社会とみなされがちであった西洋のなかに、差別という先鋭な問題を見出したことの衝撃は大きかった。

『中世を旅する人びと』は、中・近世ヨーロッパ社会の、差別される側とする側の双方を含めた全体像を提示した。「旅」の具体的な場面をつうじて、共同体の内と外の関係、中世人の世界観や社会観が解き明かされていて、ここに「阿部社会史」の完成像をみることができる。

阿部謹也さんと川北（毎日新聞2006年10月８日）

――一般の人からすると、中世後期あたりから現代までをひと括りにして説明してほしいという需要もあったんじゃないかと思います。

川北 そうですね。部分的に細かいことばかり言われても困るから、それはありますよね。

――フランス史からの影響もあるんでしょうけれども、ブローデルは近世で終わっています。近世で終わられると、なぜヨーロッパが優越したのか、ここが出てこない。

川北 ブローデルのほうが、文化史だとか生活史だとか、そういうレベルの話はしやすいところがあると思うんだけれども、広く一般に流布できるかどうかという話になると、ウォーラーステインのほうに分がある。たとえば、ラテン・アメリカのことをブローデルはどれだけ説明できるかというと、それは難しい。そういう意味では、ウォーラーステインに何らかのメリットがあったと思います。多少議論が乱暴なところもあるけれども。

翻訳作業は、参考にしている文献を知っていたからまあまあできましたけれども、それでもかなりてこずったところがあります。たとえば、第一巻の引用で『資本論』の四十何章とあるのですが、『資本論』第一巻は二五章の近代植民論までですから、当然そんなものはない。「そんなんありません」と著者に言ってやったら、「ああ、なかった。五七章だ」と返事が来たこともあります。どういう『資本論』を見ているのかと思いましたね。

これは笑い話ですけれども、第一巻は明らかに口述筆記をした部分がいっぱいある。口述筆記でなければ起こらない間違いがあるんです。音だけ似ているけれども、まったくとんでもない単語になっているとかいうのがね。二巻、三巻となると、うんと良くなっている。たぶん彼のステイタスが上がったからでしょう。

――「スパイス・アイランド（Spice Islands）」とすべきところが「スパニッシュ・アイランド（Spanish Islands）」になっていたとか。

川北　ほかにも「rural（田舎の）」と「ritual（儀式の）」とかね。ほんとにいっぱいある。そのまま訳すとわからない。元の材料をだいたい読んでいたから、それに当たってみると、ウォーラーステインが間違っているのがわかる。

僕自身の関心としては、ウォーラーステインへの関心はエリック・ウィリアムズから続いている部分もあるんですが、ただ、世間に受け入れられたという点では、僕の予想をはるかに超えて影響力をもてた。それはとてもラッキーでした。

『工業化の歴史的前提――帝国とジェントルマン』の執筆

川北 『工業化の歴史的前提――帝国とジェントルマン』(岩波書店、一九八三年)は、まあ自分を出そうとして構成にしたんですが、実は本来は原稿がもう二、三〇〇枚あったんです。博士論文として阪大に提出したものにはそれがあったんですが、結局、出版社の都合で切り離しました。岩波書店としては、最後の消費のことが書いてあるところは嫌だったのかもしれません。とにかく枚数を減らしてくれということだったから切り離して、切り離された原稿は、結局、平凡社で『洒落者たちのイギリス史――騎士の国から紳士の国へ』(一九八六年)という形で出すことになったんです。これはこれでまたよく読んでもらえたから、あの形でよかったとは思うんですが。

――『工業化の歴史的前提』の書評は、私の知る限り、一二本出ているんです。

川北 ああ、そうですか。

――一二というのは大変な数です。この本は、西洋史だけではなく、経済史とかでもエポック・メイキングな本であって、ここで大塚史学と対極的な立場が明示されたと思うんです。ただ、大塚史学のことを知らない世代には、その対立関係がわからないでしょうね。

川北　それが困るんです。だから、若い人にそのあたりのことを言うときは、大塚史学とかマルクス主義の説明をして、それとちょっと違うことを言っているんですわという話をしないといかんので、ものすごくしんどい。

そういえば、阪大で講義をしていたとき、「先生、そんな話はもう聞いた」と言われて、「誰に聞いた?」と訊いたら、「指先生[1]に聞いた」と言われました。おそらく、彼の中では指先生の学説になっているんでしょう。指君は、ご存知のとおり、私の研究室の出身の人ですから、ちょっとうれしくもあったのですが、歳をとると、そういうことがありますね。

――そうかもしれません。講義では、いちいち誰々の学説でということを言いませんから。

博士論文の書き方

――話を戻しますと、この本が出たのは一九八三年です。そして東京で「再

1　指昭博《さし》（一九五七－）イギリス近世史家、代表作に『図説イギリスの歴史』河出書房新社、二〇〇二など。

検討派」と呼ばれはじめたのが一九七一年。つまり、この「帝国とジェントルマン」というテーマが出てくるのに、再検討派のときから一二年かかっていることになります。川北先生というのは非常に仕事が速いということで伝説的な存在なんですけれども、そういう先生でも、これだけ時間がかかったというのは興味深いことです。

川北 そうですね。その間にイギリスに行ったことも大きいでしょう。向こうへ行くといろんな情報が入ってきて、頭の中の整理に相当時間がかかったし、家庭のほうも何かとありましたからね。べつにサボっていたわけではなくて、その時々でいろんなものを書いたりして、ちゃんとやっていたんですけれども、やっぱりそのぐらいかかるんじゃないですかね。

このごろは、早く博士論文を書かないといけないので、修士論文みたいなものを二本ぐらいつくって、あいだを埋めて博士論文をつくるという形になっていますが、僕の場合、それとはスタイルが違います。いちおう、ぼやっとしたテーゼみたいなものができたけれども、肉付けしていくのに相当時間がかかって、やっているうちに全然違う関心が出てきたりする。

はじめのころにまったくやっていなかったことでいうと、あんまり注目してもらっていないんだけれども、あの本のなかにポルトガル貿易のことが書いてあります。ヨーロッパ内貿易というと、ハンザあたりの話はわりあいあるけれども、ポルトガルとかスペイン貿易とかいうのは、あんまり日本ではやっていませんでした。ポルトガルは自由貿易のもとで、ほとんどイギリスの経済属国になっていく。リカードの「比較生産費説」[1]の元になってくるような話です。あれは、経済的な意味での支配・従属関係というものに関心が向いていったきっかけのひとつなのです。ポルトガルの貿易史にかんする本格的な論文としては、僕が書いたのが日本では一本目か、二本目というところだったと思います。先行文献はほとんどなかったように記憶しています。だから、あの論文を書くのは僕としては面白かった。例の史学会のあとの本でいちおう「帝国とジェントルマン」というシェーマを出していても、当時はなかなか中味が伴わなかったですからね。いちおう、国内におけるジェントルマン支配とイギリスの対外支配というのがパラレルというかセットになっているというぐらいのことは最初のところで考えていたわけだけれども、それがヨーロッパのほかの国との関係でもそんなふうなことが出てくるとは考えてもいませんでした。だけど、やっているうちに広がっていったんです。いろんなことをやっていると、いろん

1　イギリスの経済学者リカード(David Ricardo 1772-1823)が提唱した学説。二国間で貿易をする場合、双方が生産性の高い商品の生産に特化し、他の製品の生産を貿易相手国にまかせ、その商品を交換するなら、貿易をしなかった場合よりも、どちらの国にも利益がもたらされるという説。

な芽が出てきて、それで新しい道が開ける、といったところがありますからね。

――その点で言いますと、今の博士論文って手軽すぎますね。

川北　そうですね。今は単純にシェーマを決めて、それだけでやるというふうになっているからね。あんまり批判的なことは言いたくありませんが、今のやり方だと手早いけれども、広がりがない。だから、博士論文でわりあいいいのがポンとできても、そのあとが続かない人が多いんです。

――もっとも、昔は博士論文で終わった人が多かったということもありますが（笑）。

川北　昔は、定年のときに博士論文を書いて出す人が多かったですから。今は、学位、つまり博士論文については、三つの層に別れている状況ですね。昔の世界有数に困難とされた文学博士をもっている人、それをとるはずでとれていない人、新タイプのやや手軽な学位をとっている人というわけです。いずれは、イギリス風の研究者としての前提となる手軽なものになってしまうのでしょうが、そうなると、昔ふうの「重い」学位はなくていいのか、難しいところですね。阪大の文学研究科では、両方を微妙に区別して出していたこともありますが、当時は、「学位」に優劣があってはいけないという当局のお達しで、うまくいかなかったですね。

「ディマンド・プル」モデルでやる

――大塚史学に対する批判ですけれども、禁欲ではなくて貪欲、生産ではなくて消費、要するにディマンド・プル[1]ということがあまり意識されていないような気がします。

川北　そうですね。成長経済学をやったときのモデル・コンストラクションで、ディマンド・プルのモデルでやりたいというところがありました。それと、単に数量ではなくて具体的な生活の問題をやりたいということもありました。生産もまあ生活の一部であるんだけれども、生活史としては、生産のところの労働がどうなっているという話だけでは困るので、やっぱり消費のほうをやろうと。それまでの経済史は、生産から消費までの半分ぐらいまでしか研究していない。生産のあとに流通があって、最終的に消費されるのに、そこをやっていない。こういうことも気になってきていました。

時代も、ちょっと変わってきたと思うんです。戦前・戦後は、物はつくれば売れた。物がなかったですからね。よく覚えているんですが、僕らが子どもの

1経済の成長は、生産の増大ではなく、需要の拡大により生じるという考え方。

ころ、田舎の子どもは土手に穴をあけて、その辺で切ってきた木を放り込んで火をつけて、半焼けの炭をつくったものですが、それでも売れた。そういう時代だと、それは生産の問題であって、いかに生産を増やすかということになるんだけれども、一九六〇年を過ぎてくると、資本主義の不況とか恐慌とかいうのが過剰生産で起こってくるわけなんです。売れないものはつくれないという逆の話になってくる。そういう世の中の転換も影響したと思います。

「経済史」を忘れた社会史――時代区分の問題

――近世は、流通に非常にコストがかかりました。この点も、大塚史学とかでは見逃されがちな点です。

川北　ええ。大塚史学は全体に古風な議論だったのですが、妙にそこだけは現代のような話になってしまっているんです。流通のことを考えていないから、流通コストにかんする議論がカットされています。

　当時の阪大の史学科には、斯波義信さん[1]とか、脇田修さん[2]、それから経済の宮本又次さんとかがおられましたが、要するに流通主義者ばっかりで、商人のことしかやってないといわれました。阪大は流通主義の巣だと言われたことも

1 斯波《しば》義信（一九三〇―）中国商業史家、大阪大学教授・東京大学教授・国際基督教大学教授。代表作に『宋代商業史研究』風間書院、一九六八、『中国都市史』東京大学出版会、二〇〇二など。

2 脇田修（一九三一―）日本近世史家、大阪大学名誉教授・大阪博物館館長。代表作に『近世封建社会の経済構造』一九六三、『織田政権の基礎構造』東京大学出版会、一九七五など。

あるぐらいでした。「流通主義」というのは、生産重視のマルクス主義が全盛の時代には、相手を罵倒するためのレッテルでした。商売人は右から左へ商品を流すけれども、ある商品がそのときそこで値打ちがなくても、こっちへ行ったら値打ちが出るというのが、大阪商人の常識です。東京の歴史学では、労働価値説からすれば、そんなものは価値が一緒だという話になってしまいます。そこらの違いもあって、阪大におれたということは、すごくよかった。

――抽象的な経済史ではなくて、具体性をもった世界史では、やっぱり経済史がベースということですね。先生は常々おっしゃっておられますね、経済史を忘れた社会史はどうなるんだろうと。

川北　そのことは、社会史のスタートのところから非常に気になっていました。予想どおりのことが起こってきた感があります。僕らから玉木さんぐらいの世代の人は、経済史を何となく覚えているところがありますけれどもね。

――いや、私の世代ではそんなことはありませんよ。当時も社会史ばやりで、文学部で経済史をやるのは、異端児でした。

川北　社会史というのは、経済史とのつながりで物を考えるというところがあるんだけれども、世代が新しくなると、いきなりいわゆる社会史とか生活史とか、そういうレベルに入り込んでいくわけです。そもそも入り込まないと卒論が書けないとかいうこともある。卒論を書けと言われて、農民層分解をやりますと言ったら怒られてしまう。それは当たり前のことですが、そこに難しさがある。どんどん先端的な問題に進むけれども、先端的な問題だけでは、「歴史学の破裂」みたいな話になっていて、ものすごく微細になってしまっているわけだから、いきなりそこへ入り込んじゃうと、戻るところ、元がないんです。

細かい研究をしていても、結局は元へ返っているようなところが必要です。その元というのは何か。歴史学とは何かということになると、最終的には時代概念をつくることだと昔からいわれていました。一つの社会の歴史的な流れの中で、どこからどこまでがひとかたまりで、なぜそこがひとかたまりなのか、どういう特徴があるのか——こういうことが歴史学の基本だといわれていたんですが、今では指導者自身がそれを言わなくなった。実際、時代区分を気にしなくなっているでしょう。これはすごく深刻な問題です。[3]

時代区分をやろうとすると、これは僕の主張で意見の違う人もあるだろうけれども、とことんは経済の問題になっていく。ポイントはそこだと思います。経済の問題が一番ベースのところにあるというふうに考えるか、考えないかで

3 川北稔「近代世界と産業革命・市民革命——時代区分の指標として」（歴史学研究会編『歴史学における方法論的転回1』二〇〇二年、一〇七−一二三頁）を参照。

す。別のことで時代区分をしようと思えば、それはそれでやれるかもしれないけれども、僕自身は経済の問題がポイントだと思う。

昔、マルクス主義者のあいだで、相手のことを悪くいうのに、唯物《ゆいぶつ》史観ならぬ「唯物《ただもの》史観」などと言いましたが、私は典型的な唯物《ただもの》史観なんです。マルクス主義の生産関係論の哲学的で難解な話は正直言って嫌なんだけれども、だけど、突き詰めると経済の問題はすごく重要だとは思っています。これを飛ばして、たとえば思想の話だけしようといってもそれはできないことです。現在でも、世界の動きの一番ベースのところは、経済の問題です。イデオロギー的なこととかは、そういうものに比べるとかなり軽い話である、というのが僕の信念なんです。

当然反対する人もいると思います。たとえばイデオロギーだけで人が命を失ったりするイスラームのような世界も現にあるわけで、それはまあわからなくはない。でも、大きく言うと、イスラーム世界の人びとが現状に満足できないのは、ベースに経済レベルの問題があるというのが僕の考え方です。

したがって、本当に時代区分をしようとすると、経済抜きで時代区分はできない。時代の特徴というものを表そうと思ったらね。だから、僕はとことん経済史の展開で考えていきたいんです。

僕らの若いころは、何か一つのことをやっても、じゃ、それでその時代を全体として説明できますかということを、つねに言われました。だけど、今はあんまりそういうことは言わないですね。

――今は、どういう史料を使っていますか、となっている。

川北 そう、そのとおり。史料主義になっていますね。みんな歴史家ではなくなって、古文書学者になりかかっているのです。

――それは簡単に答えの出る問題ではないわけですけれども、考えないでいいという問題でもまたないわけです。

『洒落者たちのイギリス史』の執筆

『洒落者たちのイギリス史――騎士の国から紳士の国へ』について、もう少しお話をお聞かせください。

川北 『洒落者』の原稿は、先に言ったように、元は岩波の『工業化の歴史的前提』から切り離した部分です。最初、中公新書で出すという話になっていまして、だいぶ進んだのですが、担当編集者から「これは面白いから膨らませて

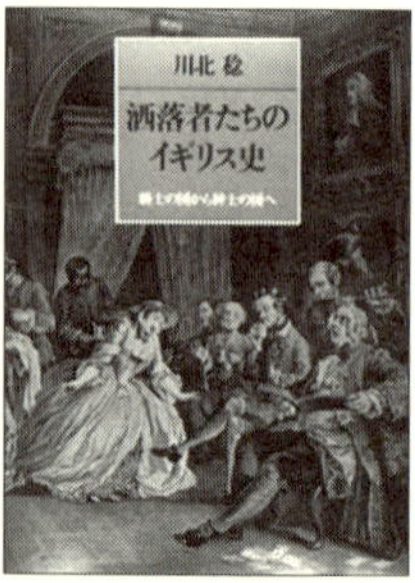

二冊にしてほしい」と言われて、僕はあんまりその気がなかったから、取りやめにしました。以来、中公とは長期的に付き合いがなくなったくらいです。

――この本は、本文には「注」を入れず、巻末のほうにビブリオグラフィ（文献一覧）を入れるというスタイルになっていますが、これは新しいやり方ですか。

川北　ええ、そうです。そのころは僕もちょっとした主張をもっていました。そのころ、社会史とか生活史とかいうようなものがどんどん出てきたわけですが、いっぽうでは、社会史とか生活史とかは、研究としては非常にうさん臭い、興味本位のものだろうというような意見がありました。

僕はそうじゃないと言っていたのだけれども、でも実際のところ、学術雑誌の論文として四〇枚、五〇枚の論文を書いてみろと言われたら、なかなか書けないですよね。生活史と銘打って西洋史学会で報告をしたのは、僕だけだろうと思います。生活史みたいなものは、ある程度読めるようにするのなら、新書ぐらいが一番適切です。

新書は、玉木さんだったら年齢的にはある程度おわかりになると思うけれども、当時は学術的なものとは認められていませんでした。「新書書き」といったら、ちょっとバカにした言い方であったわけで、「あいつ、新書なんか書いている」とか言われるような時代だったんです。学術雑誌の四〇枚の論文で生活史を書こうとしても、骨組みだけ書くようなことになってさっぱり面白くない。だから、新書ぐらいの形で一般の人にも読めるような形で、つまり、やたらに注が出てくるようなものではなしに、新しい研究発表の形式みたいなものとして、新書という手段があるのではないかということを言いはじめていました。

『路地裏の大英帝国』はその一つの現れです。しかし、のちには、中公でも少しずつ物を書くようになって、中公が破綻する寸前に加藤祐三さん[1]と、「世界の歴史[2]」を出したんです（『アジアと欧米世界』中央公論社、一九九八年）。そのときの担当編集者は、そのことを予知していたみたいで、すごく急いでいました。なんでこんなに急ぐんだと思った記憶が鮮明に残っています。[3]

——中央公論社は、あれに社命をかけていたらしいんですが、結果的に失敗しました。まあ歴史にかけるのがもう無理な時代になっていたということとなんでしょう。それで読売新聞が救済に乗り出し、中央公論新社となりました。これより前に出た「世界の歴史」シリーズ[4]では、印税で家を買ったといわれる人

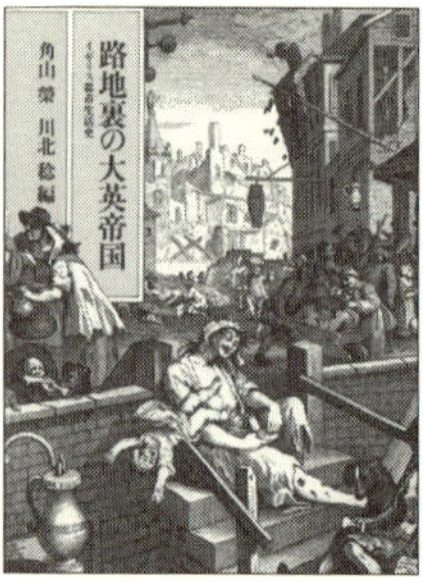

1 加藤祐三（一九三六―）日本・アジア史家。横浜市立大学元学長。代表作に『黒船異変——ペリーの挑戦』岩波書店、一九八八など。
2 中央公論社「世界の歴史」シリーズ（一九九六―一九九九）。

がいるくらい売れたそうですが、そんなことは現在では考えられません。本が売れなくなったのとともに、歴史学の地位が落ちたことを示していると思います。

3 中央公論社は、一九九〇年代に経営危機に陥り、一九九九年、読売新聞社の出資により新社が設立され、中央公論新社となる。
4 一九六八年発行、全一七巻。

9　二回目のイギリス留学

一五年ぶりの留学

――先生は一九八七年に二回目の留学をされましたが、これは一回目の留学から一五年ぐらい経っていますので、世の中もずいぶん変わっていたと思います。

川北　ええ、ずいぶん変わっていました。アンカレッジ経由というのは変わっていませんでしたが。

――どういう違いがあったのでしょうか。

川北　さっきも言ったように、一回目は非常にショックが大きかったんです。人種の問題が一番大きかったのですが、ほかにもいろいろあります。たとえば、僕らはちょっと違うことを言いはじめていたんだけれども、「イギリスというのはものすごい先進国で、すばらしいモデルである」という思い込みがあったんですが、行ってみたらとにかく汚い。経済状態が悪かったから、ロンドンなんてすごく汚かった。イタリアもそうで、映画で知られていたローマの終着駅《テルミニ》なんて紙くずで埋まっているような感じでした。

それが、八七年に行ったときはちょっとましになっていたかな。ちょっとましになっていたけれども、そのわりにはあまり元気がなかった。乞食が増えていたりね。大きく違っていたのは、イギリス人の日本人に対する見方ですね。八七年当時は日本が好調なときで、サッチャー[1]が積極策をとったこともありますけれども、日本の企業が次から次へとイギリスへ進出しているというような時代でした。イギリスに入ってくる日本企業は先端産業とか証券会社みたいなところでしたから、日本関係のところで働いているような若者、ヤッピーたち[2]は、日本に対して非常に好感情をもっていて、日本はすごいという言い方をする。そういう人たちがかなり増えていた。

でもいっぽうで、日本企業はイギリスでも日本式経営をやりますから、シングル・ユニオン——一つの会社に一つの組合——の原則など、イギリスでは考えられない原理を持ち込んだ。これはノー・ストライキの原則——つまり、企

1サッチャー（Margaret Hilda Thatcher, 1925-）イギリスの政治家、保守党の首相（一九七九－一九九〇）。イギリス経済の復活を目指し、小さな政府を指向、企業家精神と市場原理を重視し、政府の経済への介入を少なくしようとした。

2都市住民で、エリートであるサラリーマンを指す言葉。

ロンドンのラッセルスクエアにて（1988年）

業別組合主義の原則が入りこんでくると、みだりにストライキができなくなってくる――ともにイギリスの労働組合にとっては非常に脅威だった。伝統的な組合は非常に困るわけで、とくに斜陽産業、もとの基幹産業の石炭とか造船とかが多い中部、北部ではものすごく対日感情が悪くなっている。

要するに、日本企業がいっぱい進出してくることで、イギリスの社会に亀裂が生じている状況だったので、以前とは全然違いましたね。ただ、日本ってどこにあるんだとか、そんなことを言われることはなくなりました。

――一回目も二回目も、下宿先は同じですか。

川北 いえ、同じではないんですが、似たような感じのところです。僕らがはじめて行ったころまでは、日本の大学の先生は、だいたいロンドンでポーランド人の経営しているB＆Bに逗留していました。僕も最初はそういうふうにさせてもらったんですけれども、あとのほうは、その人の友達のところに行きました。だから、僕はロンドンのポーランド人に知り合いが多いんです。

ロンドンに流れてきたポーランド人たちってすごく経歴が面白いので、いつか録音機を担いで行って、おばあさんたちの話をもう一度きちんと整理して聞いて、オーラル・ヒストリーを書くと言っていたんだけれども、果たしていません。おばあさんたちもおおかた亡くなりましたので、もう無理ですね。だけど、そういう意味ではポーランド人のところで下宿するのは面白かった。

もっとも、英語の勉強にはなりませんでした。彼女たちは、だいたいポーランド語と英語で話すんですが、英語は下手だから。僕が最初に泊まったところの人は、英語とロシア語とスワヒリ語が一通りできるみたいでしたけれども、英語は上手じゃないもの。ものすごくなまるし。

しかも移民社会のど真ん中ですから、今はもうおとなしくなりましたが、IRA（アイルランド共和軍）[3]のカンパでしょっちゅうお金を取られました。パブに行ったら必ず取られるんです。

3 Irish Republican Army. 二〇世紀初頭から続くアイルランドの独立を目指して武装闘争をおこなってきた組織。二〇〇五年に武装闘争の終結を宣言した。

研究環境の変化

――二回目もＩＨＲ[1]だったんですか。

川北 そうですね。

――私は、はじめてＩＨＲに行ったときは「うわあ、何でもあるわ」と喜んでいたんですけれども、だんだん「もう何もないわ」という感じになりました。

川北 ええ、そうですね。ただ、ロンドンにいると研究の材料はすぐに取れますし、ＩＨＲからは紹介状を書いてくれるから、どこでも行けて、それはよかった。

だから、今でもイギリスの近世以降のことを研究するんだったら、ロンドンは研究の場としては一番いいと思いますよ。オックスフォードやケンブリッジに行っても、結局ロンドンに史料を見に来るという話になるから。

――まあ史料がだいぶロンドンに移行しましたから。パブリック・レコード・オフィス（Public Record Office）というのは名前がなくなって、ナショナル・アーカイヴズ（National Archives）となりましたが[2]、ほかの国でもナショナル・アーカイヴズと呼ばれる文書館はありますが、Public Record Office はイギリスにしかありませんので残念です。

1 本書一二六頁、脚注参照。
2 ロンドンのキューにあるイギリスを代表する公文書館。一八三八年にパブリック・レコード・オフィスとして設立、二〇〇三年に歴史史料委員会と統合され、ナショナル・アーカイヴズとなった。

川北　ええ、たんにナショナル・アーカイヴズと言ってもわからないですよね。

――余談になりますけれども、だいたいIHRにあるコピー機は古い。私は何度もつぶした経験があります。日本の感覚でコピーすると全然だめなんです、大昔に入った日本製のコピー機だから。

川北　湿式の、重い重いコピー機でしたね。

――ええ。とにかく古くて、コピーしていると途中で止まって、この本の何ページまでコピーしたということを覚えて帰って、次に来たとき途中からはじめる、というようなことがあったんですが、それも昔の話です。今だったらネットで頼めば一発で古本が手に入りますから。この前に私が出した本も[3]、ネットで古書を注文しなければ書けなかったので、もうかなり研究環境が変わったなと。

川北　ええ。僕が大学以来今までやってきたことを考えると、西洋史の研究環境の変化というのは圧倒的です。これはもう滅茶苦茶に変わりました。

――日本史の場合、そこまでの変化はない。

川北　それはない。日本史では考えられない。日本史の場合、まあ史料の入

3 玉木俊明『北方ヨーロッパの商業と経済 一五五〇－一八一五』知泉書館、二〇〇八。

手が難しいと言っても、ちょっと旅費をかければ行って見ることができたでしょうけれど、僕らが勉強をはじめたころは、そうじゃなかった。最初のほうでも言いましたように、角山先生たちは、矢口先生のお宅へ伺って、おそるおそる毎回本の何ページかを見せてもらったと言っておられました。だから、僕がはじめてマイクロフィルムを手に入れたときなんて、これはもう宝物でした。

マイクロフィルムは、京都の東一条のところに鈴木マイクロというところがあって、そこで写真にしてもらうのです。これがまあ普通の写真なのですが、それをノートの一ページに一枚ずつ貼り付けるんです。ほんとにすごい宝物だったんですが、そんなことも激変しました。西洋史というのは、もともとは、研究しているというにはちょっと無理があるようなところがあったわけですが、それが急速に変わりました。

——まず、コピー機の登場が大きいですね。

川北 ええ、コピー機の登場は非常に大きなことです。コピーができるようになってから、講義もすごく変わりました。昔の先生のように、ノートを読み上げてそのまま書かせるというようなことは意味もなくなったし、もうやらなくなりましたから。とくに西洋史は、こういう通信とかコピーとかいうものでものすごく研究環境が変わりました。
　ある意味では、西洋人と同じようにやれる条件ができてきたということで、それは喜ばしいのだけれども、しかし、日本人が西洋人になったわけではないから、西洋史としてはすごく難しいところもある。問題意識そのものも西洋人と同じにしてしまうかどうか、そこが、今は問われていると思うんです。

日本人が西洋史を研究する意味

――その点に関連しまして、一九九〇年に出版された『民衆の大英帝国――近世イギリス社会とアメリカ移民』（岩波書店）では、イギリスのあらゆる階層に帝国の影響があるということでした。これの「岩波現代文庫」のほうのあとがきで、イギリス人とはかなり違う観点から書いたというようなことを書かれていましたが、こういう点は非常に大事だと思うんです。

川北　そうですね。逆の立場で考えると、日本の歴史を専攻している外国人が、日本人の三流の歴史家でもやるような実証を一つやってくれても、われわれとしてはあんまりありがたくないわけです。たとえば、西洋人から見たら、日本人でないとちょっと気がつかないようなこういう見方ができるということ

があると、存在理由がある。そっちのほうが本筋ではないかなとは思うんです。

西洋人とまったく同じにやっていきますというのを全面的に否定しようとは思わないですけれども、それだったら、ちょっと嫌味な言い方をすると、西洋で大学のポストが取れないとだめですね。西洋で学位をもらったといって日本で威張っているというのは、ちょっとおかしい。学位などというものが、イギリスでも日本でも、どういう扱いになっているかは、知る人ぞ知るです。

今の研究環境は非常に変わってきたから、いろんな可能性ができてきたと思います。実証などのレヴェルはある程度むこうの人についていけないと駄目だけれど、むこうの研究者の下請けのようなことでは、日本の社会で相手にされなくなるのは当然のことです。最近は、イギリスで研究をすることは大して難しくなくなっているのに、これといったイギリス史の新しい観点はまったく出てきていない。やり方はいろいろあっていいと思うが、「イギリスで通用する」ことに主眼をおくのであれば、イギリスでポストをとることが、一番の実力の証明だと思います。反対に、日本の社会で有効なイギリス史というものを考えるのであれば、日本人の心の琴線に触れるものでなければ意味がありません。

コラム　研究の視座──『工業化の歴史的前提──帝国とジェントルマン』など

私の最初の主著となったこの本は、一九八三年に大阪大学に提出した学位論文「イギリス商業革命論」（手稿）の中核部分からなっています。イギリスの産業革命が、それに先立つ「イギリス商業革命」によって準備されたことを解明したものでした。一六〇〇年のイギリスは、ヨーロッパ内部でしか貿易関係をもっていなかったのに対して、アメリカ一三植民地が独立する前夜の一七七五年には、統計上、貿易の半分がヨーロッパ外のアジア・（カリブ海を含む）アメリカ・アフリカをパートナーとしてなされるようになりました。「イギリス商業革命」と私がよんでいるのは、この事実を前提として、そこから生じた社会的・経済的・文化的な変化のことです。

学位論文は、四部構成で、第一部は、近世、つまり、一六－一八世紀末のイギリス経済の成長と停滞の長期趨勢（トレンド）の分析にあてました。当時は、マルクス主義史学が全盛でしたから、「経済成長」という言葉自体が、戦争中の英語のように「敵性言語」とみなされていて、ひどく非難されました。

しかし、イギリスでは、このころすでに大著『一六世紀の農業問題』やきわめて有名な論文「ジェントリの勃興」で、プロレタリアと（今日風にいえば）「ジェントルマン資本家」というべき、ある種の資本家の出現を説いていたR・H・トーニーのポストは、F・J・フィッシャーに引き継がれておりました。フィッシャーは、驚くほど業績の少なかった人ですが、個々の論文はまことに示唆に富んだもので、近世イギリスをひとつの低開発経済とみなし、開発論経済学との連携で、その歴史を解き明かすことをめざしていました。また、トーニーが「農村」や「農民」の動向にこだわり続けた――ただし、最晩年に至って、ロンドン商人ライオネル・クランフィールドの伝記をものした[1]――のに対して、巨大都市ロンドン史を主たる対象とし、この都市のもたらす巨大な市場に、経済発展の原動力をみようとしていました。食糧のような基本物資についてもそうですが、とくに「ぜいたく品」の需要、いわば「ステイタス・シンボルとしての需要」または「みせびらかしのための消費」に、その特徴を見出しました。

　こうした観点から、フィッシャーは、その就任講演[2]で、統計の得にくい近世、とくに、一六―一七世紀についてさえ、経済成長のトレンドをある程度推し量ることはできる、と宣言しておりました。私の博士論文の第一部は、まさに、この要請に応えるもので、一六二〇―一六〇年のあいだに、トレンドの大転換がみられるというのが、結論でした。私のこの結論は、ウォーラーステインによっても確認されています。

1 R. H. Tawney, *Business and Politics under James I: Lionel Cranfield as Merchant and Minister*, Cambridge, 1958.

2 本書一一七頁、脚注参照。

エリック・ウィリアムズの提起した問題

　第二部は、トレンド転換の最大の契機となったと私がみなした「イギリス商業革命」の実態を分析するものでした。ここでは、従来、日本の歴史家がまったく取り上げなかった、砂糖とタバコを中心に、議論を展開しました。砂糖は、奴隷貿易を伴っていましたから、この議論はたちまちアフリカをも巻き込むことになり、イギリス産業革命は世界的な視野からしか解明されえないという私の信念を、確立することになりました。砂糖やタバコのような「ペリフェラル（周縁的）」な問題を取り上げるのは馬鹿げていると、当時の学界の権威からひどくけなされましたが、[3]イギリス人だけが、禁欲・勤勉を実践したために、他の地域にいかなる犠牲をもたらさずに、産業革命が進行したということは、信じがたいと思うようになったからです。この信念を決定的にしてくれたのは、トリニタード・トバゴ出身の黒人史家エリック・ウィリアムズの『資本主義と奴隷制』でした。歴史家が無視したこの本を、いち早く翻訳された西洋文学者中山毅氏の慧眼に感謝するばかりです。

　権威の方が「ペリフェラル」といわれたのは、当時の抜きがたいヨーロッパ中心史観と、たとえば、イギリス人というより、ヨーロッパ人はなべて日本人が米を主食としているように、「小麦のパン」を主食としているという誤解なども前提になっていたのだと思います。だから、「小麦をつくるヨーロッパの農民」や農業は立

3　本書九五頁参照。

派な研究対象であるが、砂糖のように「嗜好品」をつくっているカリブのアフリカ人奴隷など、まともな研究の対象ではない、といわれたのです。

のちに、私が恩師角山先生や先輩の村岡健次さんと、食生活など「生活史」を旗印とし、「イギリス都市生活史」研究会[4]をつくることになった大きな契機がここにありました。当時、「世界システム」論は、日本には本格的に紹介されておらず、私自身、イギリス産業革命は、アフリカ系奴隷の血と汗の結晶であるとするウィリアムズ・テーゼを紹介したり、ウォーラーステインの議論を紹介したりせざるをえなかったのは、そのためです。

「イギリス商業革命」でヨーロッパ貿易に生じた変化も気になりましたので、バルト海・北欧貿易とポルトガル貿易をも取り上げました。ウォーラーステイン風にいえば、前者は、ヨーロッパ内の「周辺」、後者は「半周辺」にあたる地域とイギリスとの国際分業関係ということになります。

マーチャント・ジェントルマンの成立

第三部は、「イギリス商業革命」の結果、当時「マーチャント」という言葉で表現されていた貿易商人が経済的・社会的に台頭したことを扱いました。そこから近世以降、現代に至るまでのイギリスに特有のジェントルマン支配の構造を、解明したものです。マーチャントのような新興勢力が「疑似ジェントルマン」として支配

4本書一一九頁参照。

階層に取り込まれていったことで、支配の全体構造の柔軟さが保たれ、フランス革命のような構造破壊は生じなかったことを見たわけです。いまだに王政や貴族制度を維持するイギリスの保守性と、世界で最初の工業化を達成する進歩性という、一見、矛盾した歴史的性格が、このことによって、とりあえず説明されると考えたのです。とくに、イギリス帝国の形成過程と深くかかわった「マーチャント・ジェントルマン」や植民地にプランテーションなどをもつ「植民地ジェントルマン」などは、帝国＝植民地体制が、ジェントルマンとそれ以下の人びとのあいだの流動性を高める役割を果たし、ジェントルマン支配体制の安全弁となったことをも強調しました。

このような考えかたは、ちょうど同じころ、二〇世紀後半のイギリス経済がなぜ衰退したのかという問題に取り組んでいたアメリカ人、マーティン・ウィーナーの『英国産業精神の衰退』やイギリス帝国主義の展開を「ジェントルマン資本主義」の立場から捉えようとしていた、ピーター・ケインとA・J・ホプキンズ[5]という二人のイギリス人研究者の立場とも、結果的にほぼ一致するものでした。私の場合は、イギリスがなぜ世界で最初の産業革命に成功したのかという問題にも、この立場から答えることになります。ただし、この点については、別の一書を用意する予定です。また、帝国の社会史的意義については、『民衆の大英帝国』（岩波書店、一九九〇年、のちに岩波現代文庫）で検討しました。

5 ホプキンズ（A. G. Hopkins, 1938-）イギリス近代経済史家。イギリス帝国史・グローバルヒストリーが専門。バーミンガム大学・ケンブリッジ大学・テキサス大学教授。代表作に、ピーター・ケインと共著の『ジェントルマン資本主義の帝国』全二巻、名古屋大学出版会、一九九七など。

生活＝社会史へ

しかし、『工業化の歴史的前提』の元になった学位論文には、じつは第四部がありました。この部分は、世界で最初の工業化のはじまりを、消費需要の拡大の観点から、つまり経済発展のディマンド・プル・モデルによって説明するものでした。しかし、書店の販売政策上の問題があって、この部分はカットし、よりリーダブルなかたちで世に問うことにしました。それが、結局、平凡社から上梓された『洒落者たちのイギリス史』（一九八六年、のちに平凡社ライブラリー）です。

経済史を消費需要の側からみるということは、つまり、その商品がいかにうまく生産されたかではなく、それがなぜ売れたのかを見ることであり、商品を受け入れた人びとの生活の問題です。ここから、私は、「生活＝社会史」という、私独自の概念に到達しました。マンチェスタでいかに綿織物がつくられたか、と言ってみても、そこでつくられたのはおおかた白い反物にすぎません。それが消費されるためには、その染色、縫製加工のプロセスや流通のプロセスがなければなりません。しかも、最終的には、消費者の支持がなければ、生産は続きません。しかし、このような過程を分析しようとすると、当時の日本の歴史家が、神様のようにもちあげたマルクスも、マックス・ヴェーバーもほとんど役に立ちません。むしろ、役に立ったのは、消費の解放を自由恋愛と結びつけたヴェルナー・ゾンバルト[6]らの議論でし

6 ゾンバルト（Sombart, W., 1863-1941）ドイツの経済学者・社会学者。ドイツ歴史学派経済学の重鎮。ヴェーバーとは異なり、欲望の開放のために資本主義が発達したと論じた。代表作に金森誠也訳『恋愛と贅沢と資本主義』論創社、一九八七年。

た。

　また、「生活＝社会史」というジャンルを切り開こうとすると、ひとつ深刻な問題が発生しました。四百字詰め原稿用紙で五〇枚か六〇枚くらいの注だらけの文章しか「学術論文」とは認めない『史学雑誌』[7]や『西洋史学』といった「学術雑誌」の壁でした。西洋史の世界では、中央公論社の新書が刊行されるようになり、会田雄次さんの『アーロン収容所』など、歴史関係の名著もいくつか出たのですが、「新書」を書くということは、当時の感覚では、はなはだ非学問的で、ジャーナリスティックな行為とみなされ、一種の堕落とされておりました。じっさい、会田先生が、そこから右寄りの「評論家」になってしまわれたことも、西洋史学の世界では、この印象をつよめたものと思います。

　しかし、他方では、「生活＝社会史」の成果を発表する形式としては、「学術雑誌」はあまりに窮屈でした。考えてみると、新しい歴史学の方法が提起されるとき、必ず新しい発表の場、つまり、新しい雑誌が創刊されてきました。フランスの『アナール』はいうに及ばず、イギリスの学界でも、社会経済史をたちあげた『エコノミック・ヒストリー・レビュー』や戦後マルクス主義史学の確立をめざした『過去と現在』[8]、近現代都市史の総合研究をめざした『アーバン・ヒストリ』[9]など、すべてそうでした。私の「消費からみた経済史」としての「生活＝社会史」は、スペースから言っても、雑誌の創刊よりは、書物ないし新書などを舞台とすることが相当

7 一八八九年に創刊された日本で最も権威がある歴史雑誌のひとつ。財団法人史学会より毎月発行。毎年の第五号「回顧と展望」は前年の歴史学界の動向が掲載される特集号となっている。

8 *The Past & Present.*（一九五二年創刊）もともと左翼色のあるの雑誌であったが、現在はそれは薄まっている。

9 *The Urban History*（一九九二年創刊）もとは *Urban History Yearbook* として一九七四年に創刊。

と考えました。平凡社の仕事をいっしょにしたこともあって親しくなった阿部謹也
さんとは、この点でも共感しました。
こうして、私は、生活史研究会の活動とあいまって、「リーダブルな書物」によ
る研究成果の報告、という手法を考えました。新書でもよいと思ったのです。し
たがって、私の学位論文第四部は、じつは中公新書として出版されることが決ま
り、いったんは原稿をお渡しするところまでいきました。しかし、編集者との行き
違いが生じて、この計画は流れ、結局、上記のとおり、平凡社に単行本として、お
願いすることになりました。この本は、一般には高い評価を頂くことができました
が、まれに、「気楽に読める、ファッションの本だと思ったら、骨太の経済史だっ
た」という、ちょっととまどった批評もあったのは、私にすれば、むしろ快哉を叫
びたいところでした。

しかし、近年は、このような学問的意味を秘めていない、雑な新書などが氾濫す
る一方、「学術雑誌」は、相変わらず、インパクトのない「重箱の隅」的な「論文」
に埋め尽くされ、当人以外は誰も関心をもたないような、すくなくとも市井の人び
とにはまるで関心をよばない「実証研究」が溢れているのは、まことに残念という
しかありません。

タイトルについての誤解

最後に、『工業化の歴史的前提』というタイトルには、いくつか面白いことがありました。このタイトルは、ほんらい私がつけたものではなく、したがって、学位論文の表題とも違うものになりました。岩波書店編集部の意見を尊重して決めたわけですが、私としては、副題の「帝国とジェントルマン」をメイン・タイトルにと考えていました。

まず同僚には、「イギリス」という言葉が入っていない歴史書はおかしい、といわれました。一国史観が常識の時代でしたから、「国名」の入っていない歴史書は考えられなかったのでしょう。ただ、それだけなら、「『ジェントルマン』はイギリスのものですから、そこで示しています」というだけで済ますこともできたのですが、さまざまな書評が出はじめると、このことはかなり重要な論点であることがわかってきました。というのは、書評のなかには、これを「イギリス史」の本として読まれたものもありましたが、「工業化」の一般論として、つまり、社会科学書として読んでいただいたものもあったからです。後者のなかには、「ジェントルマン」などというのは、特殊イギリス的な要因だから、一般化できないという、私からすれば的外れな批判もありました。他の国や地域ではなく、なぜイギリスで最初の（それゆえに、意図せざる）産業革命が進行したのか、ということが私の問題でしたから、まさに「特殊イギリス的」な要因を探したのが私の仕事であったわけです。しかし、工業化論一般となれば、工業化された他の国や地域との「共通項」をもとめる研究姿勢もありえたわけです。

のちの「社会史」などの研究でも同じですが、社会科学と人文学の境界ラインを行くというのは、この意味でなかなか難しいところもあるものだと思います。『工業化の歴史的前提』は、いかにも社会科学的でありますが、「帝国とジェントルマン」は、あきらかにイギリスの特殊要因の研究ということになります。

ものごとを世界的な視野で見るという場合、比較史的な観点と、世界システム論のように、「世界的連関」をみる立場とがありますが、私は後者の道を歩みました。「比較」の手法を否定はしませんが、明治維新どころか、第二次世界大戦の敗戦と一七世紀のイギリス内戦（ピューリタン革命）とを比較するような、比較史には意味がないと思っています。世の中で行われている「比較」には、しばしば何と何を比較すべきなのか、その根拠があいまいな考察が多いように感じています。

一例を挙げれば、比較的近年話題になったK・ポメランツ[10]の議論にしても、広大な中国と島国イギリスの経済発展の比較というのは、本当に意味があるのでしょうか。中国と比較されるべきは、ヨーロッパではないのでしょうか。

10 ポメランツ（Kenneth Pomeranz, 1958-）アメリカの歴史家。カリフォルニア大学アーバイン校教授。ヨーロッパとアジアを比較し、その対象としてイギリスと中国をとりあげ、同じような経済発展を遂げてきた中国とイギリスは、イギリスに石炭が豊富で、大西洋経済を開発したために世界の他地域よりも経済発展をすることができたと論じた。代表作に*The Great Divergence: China, Europe, and the Making of the Modern World Economy*, Princeton, 2000など。

V　西洋史研究の意義と役割

10 通史としての世界史

「世界史への問い」の編集

――「世界史への問い」（全一〇巻、岩波書店、一九八九―一九九一年）に編者として参加されたのは、一九九〇年ぐらいでしたね。トピックス別の編集だというので、正直驚きました。通史という頭があったものですから。通史というものを書けなくなった時代の象徴なのかなとも思うんですが、どういう経緯であいうことになったんでしょうか。

川北　私が就職してから、「岩波講座世界歴史」（全三一巻、一九六九―一九七四年）が出ました。あれは当時の研究者を総ざらえするような企画で、私はかなりたくさんのページ数を書かせてもらいました。私の一年下の前川和也君とか樺山紘一君[1]あたりが、たぶん一番若い書き手だったと思います。あれは日本

1 樺山紘一（一九四一―）ヨーロッパ中世史家、東京大学名誉教授。国立西洋美術館館長・印刷博物館館長。代表作に『ゴシック世界の思想像』岩波書店、一九七六など。

の西洋史学史でエポック・メイキングな講座だったと思います。日本史の「講座」も同じころに出ていて、そちらは、その後何回かやり直しをしていたわけですけれども、世界史はなかなかやり直しができませんでした。岩波書店としてはやりたかったようですが、実際にやろうとすると、あなたが今おっしゃったように、通史の形をとれないんです。通史としてまとまりようがないというか、通史になっていない。

だから、「世界史への問い」のときもずいぶんディスカッションをしたんですが、結局、「歴史学の破裂」を地で行くかたちになった。ただ、もう少しあとになれば、通史としての講座がつくれるんじゃないかという思いもあった。「世界史への問い」はいちおう中間発表というか、中間の業績というかたちで、トピックス形式でやろうということになったんです。印象は悪いかもしれませんが、それでも歴史学の大きな変化を表していたと思います。

「岩波講座世界歴史」の編集

二〇世紀の終わりごろ、「岩波講座世界歴史」のやり直し（全二九巻、一九九七―二〇〇〇年）をやるわけですが、これも結局は通史が書けませんでした。こ

のころには日本史のほうも通史が書けなくなっていて、日本史の「講座」のやり方に倣いました。冒頭に時代の概観みたいなものを入れましたが、本体はほとんどトピックス形式にせざるをえませんでした。

これは、歴史学界の大きな変化を示していると思います。私はかなり深刻なことだと思います。

――トピックス形式の場合、トピックスから外れるものはどうするんだ、という問題があります。それに、こうしたシリーズ本というのは、若い人への影響力があると思うんです。

関連する話ですが、これより少し前に岩波書店が日本経済史の講座を全八巻で出しました。[1] あの講座では、高度経済成長とか現代史がけっこうなウエイトを占めていて、現代史、現代経済史の研究者が非常に増えました。まあ史料が読みやすいということもあるんでしょうが。そういうことからすると、トピックス形式の講座が出たことで、概説とか通史を意識しない研究者を生み出すことにならないかという思いがあります。

川北　そういう面もあるかもしれません。こういう形式での編集がどういう影響を与えるか、僕らはあんまり深刻に考えていなかったけれども、それはそ

1　「岩波書店日本経済史」シリーズ本（一九八八－一九九〇）

うかもしれない。ただ、あの形式は当時の学界状況の反映でもあったわけでね。何とかして通史にしようとしたけれども、結果的にそうなってしまった。

もともとは、もう私らのような、つまり、前の講座で書いたような人間はやめにして、戦後生まれの人間だけでつくるということになっていたそうです。たぶん福井憲彦君[2]が中心になったのかな。そう言ってはじめたんだけれども、難しいということになって、私のような年寄りが引っぱり出されることになったんです。

なぜ通史でできないかというと、歴史家のやっていることがみんなトピックスになってしまって、まとまりようがないという、そこに尽きると思います。先ほども少し言いましたが、時代区分とかというようなことが飛んでしまっている。時代区分ができないということは、ストーリーとして流れないということです。歴史が分断・分解されてしまって、一つのまとまりとして理解できなくなる。

マルクス主義の時代には、生産関係と生産力の矛盾というのが前提にあったり、階級闘争があったりして、そういうもので歴史が動いていくという、歴史の原動力みたいなものについて暗黙の了解があったわけです。それが正しいか

2 福井憲彦（一九四六－）フランス近代史家、学習院大学教授、学長。代表作に『時間と習俗の社会史』新曜社、一九八六など。

どうかは別です。昔はそういう考え方があったんだけれども、今はそういうものがなくなっています。

何かのトピックスについて、こういう状況でここが変わりましたという表面的な説明はできるんでしょうが、世の中全体がこういうふうに変わったから、こう変わったというふうには説明されない。世の中全体がこう変わったんだという説明をしようとすると、なんでそうなったのかを言わなければならなくなるから、みんなそこに触れないようになっているんです。そういう意味では、歴史学はちょっと退化しているというふうに思える部分があります。

――「世界史への問い」も二回目の「講座世界歴史」も、前の「講座」に比べて編者の年齢がだいぶ上がっていますね。おそらく一番年長が堀米先生で、当時五〇代半ばだったと思います。

川北　そうですね。越智先生とか東洋史の山田信夫先生[3]とか、たしかに若かったですね。

――ええ、四〇代半ばで編者になっていることになります。大塚史学ではやれなくなってきていて、じゃあ若い世代で、ということだったと思います。二回目の「講座」のとき、戦後生まれだけでまとまらなかったのは、若い世代が

3 山田信夫（一九二〇－一九八七）東洋史家、大阪大学教授。代表作に『ユーラシア遊牧民族の世界』東洋経済新報社、一九五五など。

そこまで達していなかったということになるのかもしれません。

川北　そこまで言うと、不遜になっていかんのかもしれないのですが、こういう話があります。私の親友で都出比呂志君という考古学者がいます。阪大で私をずっとサポートしてくれた人で、われわれの世代ではピカ一の考古学者です。日本の古代国家の成立にかんする彼の学説がありまして、これはもうずいぶん前に彼が唱えたものなんですが、もう何十年にもなるのだから、とっくに崩れていないといかん。「だけど、川北さん、崩れへんねん。これは何かおかしい」と彼は言うんです。

僕も、ちょっと口はばったいけれども、「帝国とジェントルマン」とか言いだして、帝国史の研究会とか生活史とかいろいろやって、ある時期まではずいぶん発展して、けっこう皆さんに認めてもらうということができました。しかし、「帝国とジェントルマン」というのはひとつのシェーマなのだから、どこかで崩れるはずのものだと思っています。

大塚史学というものは、戦前からもあったかもしれないけれども、みんなが知るようになったのは戦後だと思います。六〇年安保のころ、僕らのまわりでは大塚史学はもうあかんでという話も出ていました。そうすると大塚史学からの転換まで一五年ぐらいということになります。僕は七一年か七二年に「帝国とジェントルマン」というシェーマを出しているから、それから一五年なら、八〇年代ぐらいでアウトになっていないといけない。けれども、今のところそういう話にはなっていない。これは、通史的関心がなくなってしまっているからだと思うんです。別の通史をつくっていこうという意欲を若い人がもたなくなっている。

歴史学研究会がシリーズを出したのもこのころで、あれも完全なトピックスです。中央公論の「世界の歴史」が辛うじてナレーションになっているんだけれども、それもよく見ると、中身はかなりトピックス化しています。こうした傾向は非常に強くなっていて、研究者が通史への関心をなくしていることが大きいと思います。

――私たちの世代では、最終的に通史を書くのが歴史家の仕事であると教わったのですが、それも現在はいわれないようになったのかもしれません。

言語論的転回と歴史学

――このころ先生は大変お忙しかったわけですが、そのなかで『アメリカは誰のものか』（NTT出版、二〇〇一年）という本を出されましたね。この本の元は、一九九三年の西洋史学会、愛媛大学での公開講演ですね。嘘の話をやっているというふうにおっしゃったのを覚えています。つまり、アメリカの所有権を主張するために、史料をねつ造していった。しかし、ねつ造した事実自体が忘れられてしまう。これは、ある面で言説の話ですが、今言われている言説問題ないし言語論的展開といわれる事象について、ここでお話いただけると非常に面白いと思います。

川北　言説分析といってもいろんな立場がありますが、言語論的転回の議論は、まあ簡単に言ってしまうと、掘り返すべき歴史事実そのものがない、「こういうことが起こった」というようなことはわからない、というものですね。それは理屈としてはわかるんだけれども、われわれも含めて一般の人たちの関心は、過去の事実を明らかにすることです。言語論的転回だとか言い出すと、結局、禅問答みたいな話になって、専門家のあいだの内輪話になってしまう。

　言説の歴史といっても、やっていることは実際の歴史であって、実際にこういうことが起こったという話です。僕は本格的な言語論的転回みたいな話にはちょっと乗り切れない。歴史学の主張というのは、素人さんに話してわかって

もらえる話であるべきだと思います。今の言語論的転回みたいな話になると、なかなか素人にはわかりにくい。何か特別の訓練をしないと理解できないものは、あんまり歴史学的ではないと思います。言語論的転回を前提にして書かれたもので、一般の人が読んで楽しいとか、すごく面白かったとかいうような名著ってないでしょう。一般の人が見て、読んで、それなりに面白いと思えるようなものが書けないというのは、やはり間違いだと思うんです。そこが一番のポイントです。

たとえば、マルクス主義はすごく大きな考え方で、今でも説明能力をもった理論だと思うんですが、マルクス主義の歴史学が最終的にまったく面白くなくなってしまったのは、そういうことに起因していると思います。専門家の中だけの話になってしまって、特別の訓練をしている人でないと入っていけなくなった。それでは面白くないと思うんです。ヴェーバーも同じでした。

文学もそう。カルチュラル・スタディーズは面白いんだけれども、カルチュラル・スタディーズの名作が出てきて、文学が非常にはやるようになったということはあんまり聞かない。専門家のあいだでだけウケるというのは、根本的に間違いだと思うんです。素人わかりがいいというのは、あんまりいいことでないように言う人もいるけれども、僕はそれがやっぱり大事なことだと思うんです。

私と阪大でずっと一緒にやっていた杉本淑彦君[1]というのが、今京大に移っていて、現代史をやっています。二〇世紀学というところかな。このあいだ話をしたところ、いま歴女[2]ブームでもあるし、内容は知りませんが、実は研究室でゲーム・ソフトをつくっていると、そう言っていました。ちょっと行き過ぎかもしれないけれども、ひとつの面白い試みだろうと思うんです。

つまり、ものすごく難しいことを言って、難しい顔をして、素人さんにはわかりませんというような話をするのは、歴史学ではないというふうに思っています。何とか大学の看板などは、なおさら関係がありません。歴女まで行くとちょっとしんどいし、戦国武将ばっかり出てくるのはかなわんけれども、でも、言葉さえやさしくすれば普通の人が十分に理解できる、というのが歴史学の本筋だと思っているので、もってまわったような話は、僕はちょっとやりたくないという気分です。

1 杉本淑彦《よしひこ》（一九五五－）近代フランス史家、京都大学教授。代表作に『文明の帝国——ジュール・ベルヌとフランス帝国主義文化』山川出版社、一九九五など。

2 歴史好きの女性を指す造語。

11　勉強のしかた

本を買う、読む――『砂糖の世界史』の執筆

川北　歴史を研究している人の半数ぐらいは、子どものころは何か物を書きたかったという人だと思います。歴史学は、人文学のなかでも特異な立場にあって、歴史家は、歴史の研究者でもありますが、同時に、いわゆる歴史叙述をもすることになっています。大学という環境のなかでは、研究が重視され、叙述の能力はとくに評価の対象になっていませんが、じっさいには、そこがかなり重要だと思います。

見事な歴史叙述に出くわすと、感動もひとしおです。今の日本では、歴史家なのに、人を感動させることを忘れてしまった人が大半なのは、非常におかしなことです。最もおかしいのは、高校などの教科書で、とくにシェアの高い教

科書が、むやみに細かい事実の詰め込みになっていて、およそ通読して楽しいものになっていないことです。教科書といえども歴史書なのに、まったく通読に耐ええないのです。しかも、受験する側も、試験問題をつくる側も、これを当然のことのように受容して、変だと思っていないのです。問題の中心はここにあります。

その結果、いまや科目としての「世界史」は敬遠され、お荷物になりつつあります。歴史関係者が「近ごろの学生は本を読まない」とよくいいますが、「本」のなかには歴史書も含まれるわけですから、「読まれる本」を書かない側にも責任の一端はあるのです。

私は、幸いにして、岩波ジュニア新書で出させていただいた『砂糖の世界史』（一九九六年）が大勢の若者に読まれ、また、中国、台湾、韓国でそれぞれ翻訳も出ています。その体験からすれば、若者がまったく本を読まなくなったわけでもないと思います。

ただ、いわゆる「文学」の衰退は明白です。いまや、昔はどこにでもあった同人雑誌が出ている大学ってほとんどないですね。文学の場合は、研究者と創作者とが基本的、概念的に分かれていますので、大学の先生は、「読者」とい

うものを気にしないのかもしれませんが。

若者が本を読まなくなった、大きな理由のひとつは、いうまでもなく受験です。面倒な文学作品など読まなくても、入試は大丈夫だからです。出版社の利害もからんで俄《にわか》には難しいことかもしれませんが、センター試験でも、五〇冊とか、一〇〇冊とかの本を指定して、そこから問題が出るということにすれば、とりあえず、若者の読書量はアップすると思います。ただ、書き手が本当に面白いものを供給しない限り、そんなことで、自発的な読書の習慣はつかないでしょうが。

――学生と先生が読んでいる本がかなり違うんですよね。先日、学生と『ドラえもん』に出てくるのび太のおばあさんの話をしましたが、これはじつに感動的な話なんです。だけど、先生方は、そういうのは読みません。しかし、あれを読むと、こんなすごい作品があるのかなと思う。おばあさん子なら誰でも知っていることですが、おばあさんというのが、こんなに温かい心の持ち主だということをこれほどうまく描いた作品を私はほかに知りません。それから、学生たちとは、東野圭吾の話もしました。だけど教員のほうは東野圭吾を読んでいない。学生のことを理解するなら、この程度の本は読めば良いと思います。

むしろ教員のほうに救いがないんです。

川北　たしかに教員も本を読んでいない。われわれも本を読まなくなってい る。本を読むスピードも落ちているし。

――そうですね。学生は学生でテキストや専門書を読まない。講談社メチエの『近代ヨーロッパの誕生――オランダからイギリスへ』[1]とかテキストでも使えるような工夫はしたつもりなんですけどね。

川北　出版するとき、よく「テキストになるように」とか言われるけれども、テキストって難しいよね。僕も西洋経済史のテキストを書くといって、三〇年来引っぱっていて、いまだに書いていないのがあるんだけれども、書けないんです。いまどき「西洋経済史」なんて講座はもうありませんしね。いや、京産大にはあるのですね。

――学生には本が高く感じるようです。しかし、なぜ携帯電話代は高く感じないのかはわかりません。私の場合、大学院生になり、奨学金をもらってから少しリッチになって古本屋に売らなくなりましたが、高校生から大学生にかけては本を売って、また買い戻して、また売る、という生活でした。一八ヵ月続けて売ったという記録を残しました。そうしないと、本が買えなかった。

1 玉木俊明著『近代ヨーロッパの誕生――オランダからイギリスへ』講談社選書メチエ、二〇〇九。

川北　うん、そうだね。本の買い方も、ネットが出てきて非常に変わったということもあるとは思うけれども、といって、学生がそういうのを利用して本をよく買っているともいえないけれどね。学生の生活風景で、もうまったくなくなったのは古本屋回りですね。古本屋自体がもうなくなってきているし。

——古本はネットで買えますから。だいたい古本屋回りをするような時間はないし、ネットのほうが早い。

川北　だけど、回っていると、思いがけない本に出会ったりしてね。それはそれで楽しいものだったんだけれども。

——私は高校の女性の先生に「えっ、あなた、古本みたいな汚いのを買っているの」と言われたことがあります。英語の先生でしたが、このようなタイプの人が人文科学をするというのは私には納得がいきません。

川北　自分の本をはじめて古本屋で見ると、ちょっとドキッとする。僕の本はあんまり古本屋に出ていないようです。『工業化の歴史的前提』はとくにないようで、よく問い合わせをうけたりします。

——本人はともかく、遺族の方が売るようなことがあれば出てくるかもしれませんね。そういえば、私が持っているフランソワ・クルゼ[2]の本には謹呈先が

2 クルゼ (François Crouzet, 1922-) フランスの近代経済史家、代表作に *De la supériorité de l'Angleterre sur la France : l'économique et l'imaginaire, XVIIe-XXe siècles*, Paris, 1985 など。

あった。たぶん、クルゼの自筆だと思うんです。それから、大来佐武郎[3]の自筆謹呈本もあった。まあ今は大来佐武郎とか、知らないでしょうけれども。

川北　うん、そうだね。経済をやっている人でも、学生だったらあんまり知らないでしょうね。

――教員にも、池田内閣（一九六〇－六四年）で所得倍増計画を考えた下村治[4]とか知らない人がいるんです。経済学者で最初に文化勲章をとった安井琢磨[5]も、今の若い先生は知らないかもしれません。古典を読まないのは、経済学者の特徴ですね。いや、歴史家もそうなっているのかもしれません。しかも、それを恥ずかしいと思っていない。教員自身がもっと教養を身につけなければならないと痛感しています。自分の専門に直接関係がなければ見向きもしないというのは、単位と関係ないと勉強しないという学生の態度と同じではないでしょうか。

　ところで話は少しずれますが、開発経済学で、ルイス・モデルという有名なモデルがあります。それは、最初は「労働の無制限供給による経済発展」[6]という論文で発表されました。この分野の専門家である大学院大学の先生から、この論文の英語はかなり難しいといわれたんですが、これを難しいというようだ

3 大来《おおきた》佐武郎《さぶろう》（一九一四－九三）日本を代表する昭和期のエコノミスト。戦後日本の債券、高度経済成長に貢献。一九七九－八〇年に大平内閣で外務大臣を務める。

4 下村治（一九一〇－一九八九）日本のエコノミスト。大蔵退官後、日本開発銀行理事などで勤める。高度経済成長の経済政策に貢献。代表作に『日本経済成長論』中公クラシックス、二〇〇九など。

5 安井琢磨（一九〇九－一九九五）日本の先駆的近代経済学者、東北大学・大阪大学・国際基督教大学教授。代表作に『安井琢磨著作集』全三巻、創文社、一九七〇－一九七一など。

6 W. Arthur Lewis, "Economic Development with Unlimited Supplies of Labor,". *Manchester School of Economic and Social Studies*, 1954, Vol. 22, pp. 139-91.

と、少し高度な英文も読めていないんじゃないかとか思うんです。

外国語の習得
――数学力は上がったけれども、英語力は昔に比べたらだいぶ落ちましたね。

川北　まあそうかもしれない。読むということにかんしては、とくにね。まあ私も英語はいまだに苦手で大変困っていますけどね。よく覚えておりますが、中一の五月二五日にネフローゼで倒れたんです。それで中一、中二と学校へ行きませんでした。中三のとき、いちおう回復したんです。当時、ネフローゼが回復するということは奇跡的なことだったので、特別だったんですけれども。

それで、学校へ行ってみたら、小学校からずっと一緒で、あまりできないはずだった友人が、英語をちゃんと「文章として」読むわけです。私は、"This is a pen."とか、そんなのを習ったぐらいで終わっちゃっているわけだから、非常にびっくりしました。それまでずっと寝込んでいて、大人の小説とかを読んでいましたし、ラジオを聞いていたので、ほかの科目はそんなに問題なかったんですけれども、英語はまったくだめでした。貧しい家の生活環境の中に英語はなかったですから、それは非常にまいりました。

それで、これは何とかしないといけないと思って、中学三年間のテキストは、越智先生じゃないけれども、全部丸暗記しました。ただ、高校入試でヒアリングがあったんです。

――当時のヒアリングって、どんなものでしょう。テープがあったんですか。

川北　いや、たぶん直接、放送されたと思います。奈良女子大学の附属高校でしたが、附属中学校から上がってきた人たちは、中学でアメリカ人の先生がいたんです。僻地育ちの僕らは、村に住んでいた、昔どこやらの専門学校の校長だったという、すでにリタイアした人が英語の先生でした。ハンディキャップは大きかったのです。だから、英語コンプレックスみたいなのがありました。

大学に入ったら、同級生にめちゃくちゃに英会話のうまい人がいました。イギリス人の英語の講師がいたんですけれども、ほとんど彼と二人でしゃべっていて、授業にならないくらいでした。彼は、阪大で英語の教師をして、そのあと東大へ引き抜かれて駒場で英語を教えていましたか、ＮＨＫの英語会話のテレビの先生もしばらくしていました。今は名古屋外国語大学で副学長をしていると思いますが、彼はとにかくうまかった。クラスでは群を抜いていましたからね。だから、英語にかんしては、つねにコンプレックスがありました。小学校からがいいかどうかはわからんけれども、しゃべるということに関しては中学生ぐらいから訓練したほうがいいと思います。附属中学から高校に上がった人たちは、そんなに英語ができるわけではなくても、わりあい物おじしていないようにみえましたから。

ロンドンへ行って英語学校に行きましたが、あれは最悪でした。英語学校へ行ったら、英語ができない人ばっかりだったんです。西洋人が英語ができないというのと、日本人が英語ができないということは違うんです。向こうの先生は、だいたいイタリア人とかに教えるということでやっているから、われわれから見るとものすごく変なことを教えるんです。だから、全然役に立たないんです。まあイタリア人とか、面白い友達がいっぱいできましたけれども。

――国籍が違ういろんな人たちとしゃべっていると、こういう使い方があるのかという勉強ができる。イギリス人の真似をするからかえって難しいということもありますね。

川北　まあイギリスの英語は、われわれにはわかりやすい英語ではあるんですけどね。イギリス人の英語学校の先生といったら、自分が発音しにくいと思う単語とか、そういうものを一所懸命やる。それは英語でない単語です。たとえば、封筒“envelope”だとか、トマト“tomato”というのはわれわれは何でもないけれども、やたらに練習させられた。でも、そんなもの、いりません。

実際に生活の場面で使わないと英語はあんまり上手にならない。ブキッシュ(bookish)にやっていると戸惑う。僕も最初のときにすごく戸惑いました。たとえば、両替のところへ行って、「お金を替えていただけませんでしょうか」というような英語は、本当はいらんわけです。大勢並んでいるときにそんなことを言っていたらうしろで怒られる。タバコを買いに行ったら、「タバコをちょうだい」なんかいらんのです。銘柄を言わないといけない。しかし、教科書的だとそういうのができない。

――英語以外の外国語はいかがでしょうか。

川北　それは自分でやるしかない。一つちゃんとできたら、あとはそんなに難しくないのではないかとも思いますけどね。僕の場合、第二外国語はドイツ語で、第三外国語はフランス語でした。フランス語はべつにやってもやらなくてもよかった。第三外国語のクラスで、山本有造君[*1]と一緒になりました。第三外国語のフランス語クラスは四〇人くらいいたんだけれども、一年経ったら彼と僕の二人だけになりました。それで非常に親しくなって、やっていることも

1 山本有造（一九四〇－）日本経済史家、中部大学教授・京都大学名誉教授。代表作に『日本植民地経済史研究』名古屋大学出版会、一九九二、『「満州国」経済史研究』名古屋大学出版会、二〇〇二など。

同じようなことなので、彼は日本経済史でしたけれども、ずっと親しくしていました。

振り返ってみると、フランス語はある程度使いましたね。若いときに『アナール』とかを読んだから。だけど、ドイツ語はほとんど使った記憶がない。前々世紀の終わりごろに出たゲオルク・ヴィーベの物価史の本[2]はたしかドイツ語で読みましたし、あと、ユルゲン・クチンスキー[3]とかいくつかドイツ語の本がありましたが、あんまり読みませんでした。最初に経済史が発達したのはドイツなんだけれども、戦後の成長経済学のころは、ドイツの経済史は非常に弱かったから、ドイツ語の本なんてほとんど読むものがなかったんです。

結局、ドイツ語は第二外国語だったけれども、ほとんど使う機会がありませんでした。フランス語は、読む言葉としては役に立ちました。話す言葉としては、よう話さないし、そもそも、いらなかったと思います。ラテン語は、僕は満点に近い点はもらったけれども、全部忘れました。

近世史をやる以上は、オランダ語もいるだろうと思いました。今考えると無茶なことをしたなと思うんですが、三回生ぐらいのとき、非常勤でインドネシア史を教えておられた東洋史の中村孝志先生[4]に「オランダ語を教えてほしい」

2 Georg Wiebe, Zur Geschichte der Preisrevolution des XVI. und XVII. Jahrhunderts, Leipzig, 1895.
3 ユルゲン・クチンスキー（Jürgen Kuczynski, 1904-1997）ドイツの歴史家。代表作に『ドイツ経済史——一八〇〇－一九四六』有斐閣、一九五四など。
4 中村孝志（一九一〇－一九九四）天理大学教授。台湾史・インドネシア史の専門家。

とお願いして、ただで半年ほど教えてもらった。でも、その先生が非常勤で来られなくなって、教えてもらえなくなった。困ったなと思っていたら、教養部のドイツ語の先生が、「私もこれからオランダ語を勉強したいから、それなら一緒にやりましょう」と言っていただいて、その先生のもとで半年ほど勉強しました。ともかく、京大にオランダ語の講座はなかったけれども、勉強はしました。ただ、先ほども言ったように、オランダへ行ったとき、一所懸命にオランダ語をしゃべったのに英語で返事をされて、これはもうあかんわと。オランダ人のほうは、べつに日本人にオランダ語なんかしゃべってもらおうと思わないんですね。

そういえば、『路地裏の大英帝国』を一緒に書いた中野保男さん[5]は社会福祉学科の先生でしたから、スウェーデンの福祉をやりたいといって、スウェーデン語を勉強しておられました。それで、スウェーデンのホテルでマッサージか何かをスウェーデン語で頼んだら、ものすごく白い目で見られたという。片言のスウェーデン語を話す日本人なんてすごく怪しいと思われて、えらい目に遭ったと言っていました。

――当時のスウェーデン語のテキストというのは、相当変だったと思います。

5 本書一二一頁、脚注参照。

川北　まあそれもあるんですね。各国語のテキストがいろいろありますが、オランダ語もすごく変でした。

――『オランダ語四週間』なんて、あんなもの使えません。*Teach Yourself* なんかのほうが、ずっとわかりやすかった。とはいえ、それでも昔のテキストは古いオランダ語だったと思います。オランダ語はマイナーな言語で、オランダやベルギーの専門家になるのでなければ、ちょっと身につかないなという感じです。

川北　そうですね。昔は、オランダ語を少しは読めればいいと思ったんだけれども、あんまりいらなかったのかもしれない。まあ必要になれば、自分で読むぐらいのことはできるということはありましたが。

僕の二年先輩で、早くに亡くなったビザンチニストに米田治泰さん[6]がいます。京大の西洋史に所属して西南アジア史コースで卒業した最初の人です。あのころは西南アジア史専攻というのはまだなかったんです。

米田さんは「一〇カ国語以上できる」と言っていましたね。ビザンツ史をやるとなったら、英独仏はもちろんのこと、ロシア語もいるし、ギリシャ語とかも必要になるし、このコースを出るためには、ヒエログリフだの、楔形文字だのいろいろやらなくてはならない。みんなで「すごいな」と噂していたんです

6 米田治泰（一九三八－一九七三）ビザンツ史家、大阪市立大学助教授。代表作に『ビザンツ帝国』角川書店、一九七七など。

が、フランス語のことを聞いたら「フランス語の語尾の変化なんか、俺は知らん」といわれて驚きました。むろん、おおかたは冗談だったでしょうが、独学でも、とにかく論文くらいは読めるようになるという意味だったかと思います。研究をやっていて、自分の研究にドンピシャリの論文がある。自分が読めない言葉で書いてあるけれども、ぜひ読みたいということになれば、辞書と文法書を頼りにとりあえず論文を読むことはできると思います。読むだけなら、日常会話の言葉とかはそんなに必要ない。

——自分がやりたい分野だったら読めると思います。私はスウェーデン貿易にかんする論文も書いていますが、もともと英語でその分野の論文を読めるようになって、そのあとスウェーデン語もわかるようになったんです。

川北　語学のレベルが低いあいだは、自分が初めから知っていることしかわからないよね。一所懸命読んでも、はじめから知っていることしかわかってない。

——日本語新聞を読んで英字新聞を見るみたいなもので。自分の関心と違うことをやっても、結局、物にならないでしょう。

川北　そうですね。言葉の問題もあるけれども、それは克服できなくもないから、やっぱり経済学の入り口とか、ほかの分野にも関心をもつ必要があります。

12　大学教育について

大学院重点化の問題点

――先生は、国立大学の法人化の前後両方に深くコミットされていますね。なかなかめずらしいケースだと思います。微妙な話でしょうが、できる範囲でお話し願います。

川北　大学院大学化、つまり大学院重点化[1]は、本音を言うと、非常に危ないだろうなとは思っていました。そうは思ったんだけれども、東大が一番先にやった（一九九一年）。東大がやってしまうと京大は必死になってやりますし、東大、京大がやるんだったらというような横並びの発想もあって、あとはもう競争みたいになりました。

阪大の大学院重点化は、私の前の学部長のときにスタートしました。学部長

1 大学の教育・研究組織を学部ではなく大学院を中心にしたものに変えること。旧七帝大（次頁脚注参照）と東京医科歯科大学、東京工業大学、一橋大学、神戸大学、筑波大学、広島大学が大学院重点化を行い、これらの大学は、「大学院大学」と呼ばれる。その結果、大学院生の定員が大きく増加した。

になる前でしたが、私はその作業をやらされて、学部長になってから何とかやり遂げました。

この大学院重点化は、誰かが知恵をつけたんでしょうね、「世界的に見ると、日本は博士の比率が少ない、博士をもっとつくれ」という話からはじまった。だけど、あまりにも問題が多い。どんな影響が出るかということはあんまり考えないで進めていった。最初のほうにやったところは、阪大の文学研究科を含めて、予算をずいぶん増やしてもらってよかったけれどもね。

しかし、結果は見えていました。大学院生をうんと増やすわけだから、大学院生の質がまず落ちる。それから、「出口」つまり就職口がないから、いずれ詰まってダメになる。はじめからわかっていたことです。いまどきポス・ドク問題などというのは、手遅れです。

そのころ、八大学文学部長会議というのがありました。本来は七帝国大学[2]なんですが、なぜか広島大学も入っていて、八大学文学部長会議となっていたんです。文部省から役人を呼んで、情報を流してもらうという魂胆みえみえの会議で、晩餐会になると、その役人を学部長が取り合うというような、さもしい会議でした。

2　旧帝大のうち、東大、京大、東北大、九州大、北大、阪大、名大をさす。

僕はその席で「これから危ないから、大学院生の就職運動を八大学でもってやろう」と提案したんです。けれども、当時は東大の文学部が重点化され、京大の重点化もほぼ確定していたころで、次は阪大か東北大かと言っているような時期で、ほかの名古屋とか、九州とか、北海道とかは何とかくっついていかないといかんと言っている時期でしたから、「重点化したら困ることが起こるよ」というような話には誰も耳を貸さないんです。それに、すでに重点化していた東大は、よそはダメでも東大はやれるという自負もあったのでしょう。

僕はそのとき、文学部の修士課程修了者を普通の会社で採用してもらうようにキャンペーンを張ろうと言ったんだけれども、うまくいかなくて。もっとも、僕がいたときは全国的な賛同は得られなかったけれども、いまはそれぞれの大学で修士課程修了者をどこかに売り込もうと頑張ってはおられます。あんまり成功していませんが。

そもそも、文学研究科というのは特殊なんです。まず大学院へ行くか行かないかという段階がありますが、大学院へ行ったら博士（後期）課程まで進むのが普通になっている。これの正反対は工学部です。工学部は、卒業生のほとんどが修士課程まで行くわけです。大学院に行かないとほとんど使いものになららないから、会社への就職は決めておいて、会社からお金をもらってでも修士課程へ行くわけです。だけど、博士（後期）課程へ行ったら行ったで使ってもらえなくなるから、博士（後期）課程へは行かない。だから、大学の先生方は必死で博士（後期）課程に残ってくれと学生に頼んでまわる。

　文学研究科の場合、大学院に入ったらみんな研究者になるんだから、修士（前期）課程でなんか絶対に辞められんという。だから、修士（前期）課程で辞めた人は「切られた」と思ってしまう。修士（前期）課程で辞めた人は、研究室とは関係なくなって、ほとんど行方不明のようなことになってしまうケースもあります。学部で辞めた人は「先生、先生」と就職してからも大学を訪ねてくれるけれども、修士（前期）課程で辞めた人は切られたと思っているから、ほとんど来ない。

学部長室にて執務中

　これはものすごく情けないことです。大学院を二年間やったんですもの、むしろ達成感をもって出ていってもらいたい。だから、修士（前期）課程出の人の就職というのをまず考えないといけない。たぶん、みなさんもそう思われるでしょうが、しかし実際のところ就職の口はそんなに多くないし、博士（後期）課程も一定数の院生を確保しなければならない。しかし、博士になっても、出口はない。

国立大学法人化の問題点

川北　もともと大学設置基準によれば、外国語は二つはやらなければならないことになっていましたが、ここもちょっとおかしかった。妙な不文律ができていたのです。たとえばドイツ語の教員は、ドイツ文学の卒業生でなければいけないと言う。また、フランス語の教員は、旧帝大などのフランス文学を出た人でなければいけないと。ドイツ史、フランス史をやった人でもいいじゃないかと思うんですが、文学でなければいけませんという。文学と語学はくっついていると言うんです。それで、まだ若手の教授だったころ、語学の先生とは猛烈にケンカしました。

こういう状況があったんですが、しかし、これは重点化よりもずっと前の平成三年の設置基準の大綱化で崩れました。それで、多くの大学が、フランス語やドイツ語の授業を少なくしてしまいましたので、ドイツ文学もフランス文学も、大学院生がまったく就職できない状況になり、やがて大学院への進学希望者自体が激減しました。西洋史のほうも、以前は語学教員を兼ねた就職口が多少あったんだけれども、それもなくなって調子が悪くなってきた。

英文学は、まだしばらく世間がだまされていたから、すぐには悪くならなかった。英文学科は、英会話をやっているところだと信じている人が多かったからですが、これもだんだんバレてきて、シェイクスピアを習っても英会話はできないとわかってきた。

大学院研究科長時代

結局、西洋文学を中心にして、文学研究科の卒業生の就職状況は劇的に悪化しました。西洋史もあおりを喰いました。どんどんマーケットが狭まっていったわけです。それなのに大学院を重点化して、院生の定員は増やしたわけだから、悲惨なことになりました。

それから法人化ですが、これは政治的に突

然出てきたもので——突然出てきた事情も、詳しい話を聞いて知っていますけれども——新自由主義の暴虐みたいなものでしたね。

——ネオ・リベラリズムの暴挙ということですか。

川北　そう。みんな本心ではやりたくなかったと思いますが、やらざるを得なかった。多少いいこともあったでしょうから、功罪半ば、いや悪いことのほうが多いですね。

——フィンランドも、授業料はただですけれども、法人化しているのを見ると、世界的に避けられない傾向なのかもしれません。スウェーデンは、もうすぐ大学の授業料無料がなくなるという話を聞きました。イギリスもそういうことで先鞭をつけていますし。これだけ大学生の数が増えると、どの国でも、独立行政法人のようなことは避けられないのではないでしょうか。

川北　こういうふうになると、はじめから言われているように、成果主義になって、ただ数を揃えたような論文がいっぱい出てくるし、教員も時間的な余裕がなくなってしまう。これは長期的にはボディ・ブローのように効いてきて、大きちんとした研究ができなくなってしまう。今の感じだと、国立大学よりは大手の私学のほうが研究の条件としてはいいのかなという気がします。国立大学は本当にしんどくなった。そうなると、文学研究科の存在理由みたいなものが相当問題になってきていると思うので、これは深刻ですよね。

話は変わりますが、阪大の文学部では、入学試験で国語をずいぶん長いことやっていませんでした。国語の試験担当は、国文学、国語学、あと中国文学の先生方になるんですが、先生の人数が少ない。共通教育の英語の先生みたいにたくさんいない。しかし、文学部で国語の試験をするといったら、工学部やら医学部やらも国語の試験をしたいと言い出す。そうなると、限られた人数で全部採点しなくてはならなくなる。昔はそれでも無理をしてやっていたんだけれども、もう嫌だというわけです。それで文学部では国語の試験はしないと頑張っていた。だけど、文学部で国語の試験をまったくしないというのも困るから、小論文という試験科目を設けた。小論文の中になぜか書き取りがあったりするんです。僕も小論文の出題委員になったことがあります。そのとき、グラフを読み取らせて小論文を書かせる問題をつくろうとしたんだけれども、国文学の大先生に、えらい怒られました。だけど、実際の社会生活ではそういうものが読めないと困る。文学作品は、日本語のひとつのモデルではあるんだけれども、日常生活の中で使う国語ではない。いろんな分野の文章に接するようにしたほうがいいと思う。

さっきの話に戻りますと、理学部の学生にドイツ語を教えるのに、ゲーテの専門家が本当に適切なのか。むしろ、理論物理でドイツ語を使ってやったけれども就職がないという人に教えさせたほうが適切ではないか、ということにつながっていくんです。

文学研究科は、いろんな意味で保守的過ぎて、状況に対応していないところがいっぱいあります。古典的なものを守らないといかんという部分もあるんだけれども、あまりにもスクラップ・アンド・ビルドのスクラップがなさ過ぎる。これはちょっと問題だと思うんです。

13　西洋史学の意義と歴史家の役割

世界史教育と日本人

――そういえば、先生は最近、教科書の執筆[1]にたいへん尽力されていますね。

川北　ええ、そうですね。それは非常に大事なことだと思っています。たとえばイギリス人の歴史の知識と、われわれ日本人が一般にもっている歴史の知識とはかなり違うところがある。アメリカ人もごく普通の人は、ほかの国のことはあまり知らない。極端にいえば、日本に関する知識なんかほとんどない。だいたい西洋の人は自分の国のことはよく知っているものの、よその国のことはあんまり知らない。あるものについてものすごく詳しく知っているけれども、全体のことはあまり知らないというのが向こうの人の特徴です。

日本の場合、一般的にいうと、少なくともある世代まではよく外国の歴史を

1　『新詳世界史B』（共著）帝国書院、一九九一など。

知っている。これは、高校のカリキュラムに世界史があることがすごく大きい。長年の積み重ねで、日本人の教養の構造みたいなものを決めていると思います。

だから、世界史教育のもつ意味はすごく大きい。われわれの研究成果をどうやって普及させていくのか。われわれ学者のあいだだけで話を進めて、あの人は偉いとかなんとか言っていても、ほとんど意味がないんです。歴史家の仕事というのは、日本人の、あるいは世界中のかもしれないけれども、歴史意識みたいなものを少しずつ変えていくことです。そこにポイントがあるのであって、これは僕が昔から言っていることなんですが、高校教科書のせめて一行でも書き換えようと。そういうことがあれば、研究者の生涯として、本望であるというふうにね。そこに全然影響しないような研究は、研究者の間では評価されているかもしれないけれども、社会的にはほとんど影響をもっていないということになるのです。

歴史学の成果を社会にどういうふうに還元していくのか。「還元」というとちょっと偉そうだけど、どういうふうにして社会的に認知してもらうのかという、そこの手続きが重要です。

歴史学の意味

川北　歴史学が世の中でもっているべき意味というのは、まあいくつかあると思うんですが、ものすごく素朴なところは、昔はどうだったのかということ。これもそんなにバカにしたものではないと思うんですよ。もう一つは、これから世の中がどうなっていくのかということ。これはすべての人がもっている関心です。それにまともにびしっと答えが出せる人はもちろんいません。歴史学をいくらやってもそれはできない。でも、ある程度こういうふうになっていくのではないか、ということを歴史家は言わないといけないのだけれども、今はそういう発想が全然ない。それが非常にきつい。だから、歴史学の意味があんまりなくなっていって、世の中で何かをやることになっても、歴史家を呼んで参考にしようなんていうことはほとんどなくなっているわけです。

歴史学が緻密になって、史料をものすごく精密に読んでいるのですが、そうなればなるほど、世間から相手にされなくなっているようなところがあります。歴史的な知識が何もなくて、いい加減にものを言っている評論家のほうが評価されたりしてね。

歴史家の役割

――先生が大学に入られてから半世紀。この間、世の中はずいぶん変わってきました。歴史学の手法も変わるべきなのでしょうが、歴史学者自身、そういう認識がなくなってきている気がします。

川北　そうですね。自分たちの周辺の環境とか、自分とまわりの関係がすごく変わってきましたが、最近の人はあんまり意識していないんじゃないでしょうか。あるテーマとかトピックス自体にのめり込んでいくようなところがあります。たしかに研究はある程度のめり込まないとできないんだけれども、その研究がもつ社会的な意味とか位置づけに対する認識が薄くなっているなというふうには感じます。

今、歴史家の発言というのは、ほとんど社会的な影響力がない。文学もそうなんですね。今では想像もつかないけれども、戦後は、新劇とか文学をやっている人とかの発言はすごく意味があったんです。彼らの場合、政治的な活動をしていたということもありますがね。宇野重吉と息子の寺尾聰は顔がそっくりだけれども、社会的な影響力は全然違う。われわれはそういう点も考えないといけない。どうしたらそういう影響力をもてるのか、それはあまりよくわかり

東京女子大学にて公開シンポジウム。今井宏先生と（1992年）

ません。でも、少なくとも、われわれ自身が個別のトピックスの中へ入りこんで満足するのではなくて、時代性とか、社会との関係とかをつねにどこかで考えていないと、うまくやれないと思うんです。

たとえば、二〇世紀末、イギリスの政界やジャーナリズムで話題になった「イギリス衰退論争」[1]は、歴史家の議論と密接につながっています。

イギリスがほかの国に比べてダメになってきている、衰退してきている。これは自由主義が徹底されていないからだという話になって、サッチャーなんかが新自由主義の政策をガンガン進めたんですが、じつはそのとき、歴史学界でもものすごく大きな論争があって、歴史家だけでなく、政治家とか評論家を巻き込んだ論争になりました。産業革命が悪かったんだとか、市民革命がちゃんとできていなかったんだ、というような議論になっていったわけです。

日本で小泉純一郎さんや竹中平蔵さんが改革をやりだしたときにも、それではまずいと言うことになったときでも、歴史家で発言した人、発言を求められた人がいたでしょうか。残念ながらまったくいない。なぜ発言を求められないかというと、歴史家がそういうことに関心をもっていないからです。ものすごく誤解を招きそうな発言だけれども、歴史家はもう少しジャーナリスティック

1 コラム「イギリス衰退論」（六七頁）参照。

になったほうがいい。微妙な発言だけれども、そういうふうに僕は思ったんです。

「今」の問題にかんしても、多少は自分の立場で発言できるような歴史学でないとまずいのではないですか。ただ昔はこうでした、というだけの歴史学だと、それはできない。そう思うんだけれども、大学院生などの関心は、僕が言っているのとは反対の方向へ行っていますよね。

西洋史研究の意義

――またそれとも関連しますが、歴史学自体の研究のあり方もだいぶ変化しました。これは社会の変化とも当然関係しているわけですけれども、先生がおっしゃったように、最初のころはコピー機もないですし、そもそもテキストも手に入らないような時代でしたが、ずいぶん状況が変わって、場合によってはインターネットで重要な史料を手に入れることができるようになりました。こうした環境の変化と、社会的な発言ができなくなったということはリンクしているんじゃないかと思います。

川北　とくに西洋史にかんしていうと、日本社会と西洋社会の違いが実態として非常に少なくなったこともあって、西洋のことを言ってもあんまりインパクトがなくなっている。これはすごく深刻な悩みです。昔はイギリスって特別のものだったから、これはイギリスの話ですと言ったら、それだけでインパクトがあったりしたけれども、いまは「まあ一緒やん」というところがあって、なかなかそのインパクトがもちにくい。阪大を定年になってから、『現代イギリス社会史』（ローゼン著、岩波書店、二〇〇五年）を訳してみましたが、その際の一番の感想は、日本と同じということでした。グローバル化の現れともいえますが。

また、歴史学研究のツールが非常に多くなって、向こうのことを知るのが簡単になったということもあるんだけれども、たとえば昔に比べると、一般の人がイギリス人の普通の姿を桁違いに知っているということもあるんです。

——向こうへ行っても、新しいものを見つけたという気がしない。

川北　まったくそのとおり。そこが一番違うところで、大学院一年、二年ぐらいで留学したりする人がたくさん出てきて、向こうの文書館で史料を調べてきたと言うけれども、向こうで生活してみてどんなインパクトがあったのか、日本で思っていたのとえらい違いでびっくりしたというふうなことが、あ

んまりないんですよね。それは、その人が悪いということではないんだけれども、状況としては昔に比べてしんどい、難しいところがありますね。

——私は、過去を扱う西洋史専攻を卒業し、未来に関心がある経済学部に就職しました。すると、もうヨーロッパではなくアジアの時代だということを思い知らされました。

川北　まあそうですね。アジアのほうが珍しくて面白い。日本がアジアから離れてきたからですね。それはあります。

——西洋のことをやっていてありがたいという思いは、私が大学へ入ったころはまだありましたし、マルクスとヴェーバーは読まなければいけないというような強迫観念もありました。今はもうそういうものがない。では、西洋史をやる意義というのはどこにあるのか、西洋史は果たして生き延びることができるのか。

川北　それは僕もよくわかりません。僕が死ぬまではあるだろうと思っていますが。

たんに西洋、近代はすばらしいものであるという、そういう時代はもう終わった。日本にもそういうものはあるわけですから、西洋をモデルとしてもってくるというのは無理です。そうなんだけれども、それでは西洋はなくなったのかというと、西洋は西洋としてあるわけだから、どういうものかということは理解する必要がある。

ただし、どうしてもわれわれ西洋史研究者の理解というのは、やはり型にはまっていて、世の中はずいぶん変わってきたと言いながら、変わってきたことに対応できていないところがある。たとえば、国民とか国とかいう話が非常に強く出ている。国民とか国とかいう考え方が非常に強くなってきたときの歴史学が入ってきているから、そのまんまなんです。われわれはいまだに「西洋史」という言葉を使っているんだけれども、「私は『西洋史』をやっています」と言う人はいないはずです。「ドイツ史をやっています」とか「フランス中世史をやっています」と言ってしまっているわけです。

今ヨーロッパにはEU、ヨーロッパ連合があるんだけれども、『ヨーロッパ史』という本は近年誰も書いたことがない。ヨーロッパ統合の何とかというような本はあると思いますが、その歴史的前提というか、ヨーロッパの歴史というようなものはあるかといったら、基本的にありません。「世界の歴史」などと銘打ってヨーロッパを書いたとしても、それは「ヨーロッパ史」として書かれたものではなくて、各国史の寄せ集めだったりする。

西洋史の大学院生で「私の専門はヨーロッパ史です」という人はいない。そう言っていられない状況になっている。それはやっぱりおかしい。統合ヨーロッパができあがっていくのには、やはり歴史的な前提というのがあるわけだから、それを追求するような歴史学もなければいけない。

たとえば、ドイツとフランスは、ヴェルダン条約（八四三年）やメルセン条約（八七〇年）あたりからの対立、対抗関係があって、第一次世界大戦、第二次世界大戦があるわけです。つねに対立してきたのだけれども、第二次世界大戦後は、ヨーロッパ石炭鉄鋼共同体（ＥＣＳＣ）ができて、たぶんドイツとフランスは最後の最後まで戦争をしないというか、できない状況になっているわけです。

だけれども、われわれのドイツの歴史についてのイメージというのは、「ナチスのドイツ」というようなイメージがあって、歴史の研究はほとんどそのラインで行われている。フランスも「フランス革命のフランス」といったイメージがあって、研究が進められてきている。それぞれの国のイメージというのは、だいたい戦後に固定されて現在に至っている。だけど、もう半世紀以上経つのだから、それぞれの国や地域も当然変わっている。フランス人といえば、シャンソンの中にあるようなフランス人ばっかりいるわけじゃないし、きれいなフランス語を話す人ばかりではない。ドイツも同じです。

そうすると、現在のドイツやフランス、ヨーロッパとかを踏まえて、もういっぺん歴史を見直すという作業を本当はしないといけないのだけれども、それをやる精神的な余裕がない。西洋史というものが生き延びていくためには、たぶん、それをどこかでやらないといけない。固定した地域や国の概念から派生する歴史学を細かくやっていっても、それは仲間うちでしか評価されないと思うんです。「なぜドイツにナチスが出てきたか」といったことは大事なことだけれども、たとえば今ドイツと貿易して何かしようという人は、そういうことにあんまり関心が向かない。だから、そういうやり直しが必要ではないかなとは思います。

僕が京大の西洋史へ入ったとき、中村幹雄さん[1]という人がおられて、ナチスの研究をやっておられました。僕が京大の西洋史へ入ったのは、六一年かそのあたりですけれども、ということは、中村さんは一五年か二〇年ぐらい前のことを研究テーマにされておられたんです。ヒトラーの演説をラジオで聞いたと

1中村幹雄（一九二九－二〇〇三）ドイツ現代史家、奈良女子大学・奈良産業大学教授。代表作に『ナチ党の思想と運動』名古屋大学出版会、一九九〇など。

いう人がたくさんいる時代だったということです。今から一五年前といったら一九九〇年代ですが、一九九〇年代を対象にして西洋史研究している人はいないでしょう。ちょっと発想が固定してしまっていますね。

自分で言うと変だけれども、「帝国とジェントルマン」とかいうようなシェーマにしても、今をベースにしてイギリスの歴史をもういっぺんやり直すと、どうなるものか。もう時間があんまり余っていませんが、個人的にはやり直してみたい。みんなでそういうことをやっていけば、新しい面が開けるのかなと思います。

西洋史研究のあり方

――今おっしゃったことというのは、西洋史の研究のあり方とか、教育のあり方にも結びついてくると思います。西洋史に限らず、研究が国際化していて、たとえば今の大学院生など英語で論文を書かなければならなくなってきていますす。向こうで研究者にならないにしても、向こうの人たちとどのようにして共同研究していくかが問題になってくると思います。

たとえば、日英歴史家会議＝ＡＪＣ（Anglo-Japanese Conference）[1]を見ていても、

1　一九九四年にロンドンで開かれた日本人とイギリス人のイギリス史研究者による学会からはじまり、以後三年おきに日本とロンドンで開催されている。

国際化すればするほど、向こうの人の型にはまった論文になってしまう。それだと、二ヵ国の共同研究はできても、本当の意味でのインターナショナルな共同研究できない。これは非常に大きな問題点だと考えているんです。

川北　ええ、そのとおりですね。国際交流のあり方というのは、相当考え直さないといけないと思います。向こうの型にある程度はまらないと認められないというところは当然あるので、それもやらないといけない。だけど、完全に型にはまってしまうと、向こうの人の三流研究になるだけだから、そこは難しいですね。

――昔に比べてヨーロッパ内部での国際協力は非常に進んでいて、あるテーマに則した国際共同企画というのが、近年よく行われるようになってきたと思います。今の日本の教育のあり方だと、研究対象の国に行って、その国にかんする研究をする。向こうの人でしたら、「自分の国はこうだけれども、ほかの国はどうなんだ」ということで共同研究ができますが、日本人がそれをやってもあまり意味がない。その国に行って認められるという研究方法自体が、もう古くなってしまったなという印象があります。

川北　なるほど、うん。

——これをどういうふうに克服していくのか。これは多くの問題を抱えていると考えているんです。

川北　われわれは日本にいて、日本のことをやらずに、西洋史をやっているわけだけれども、どこの国でもある程度はそういう人がいます。その国の国史にのめり込んでしまうと、先におっしゃったような、バイラテラル（bilateral）な関係しかできなくて、マルチラテラル（multilateral）になっていかない。そこは何か新しい工夫があるかもしれませんね。

——それをうまくやれば、西洋という全体が……。

川北　ええ、見えてくるかもしれません。いきなり「西洋」と切り出してもつかみどころがないけれども、ヨーロッパの中の横のつながりというか、そういったものが見えてくるかもしれません。そういう意味では、貿易などの交流の歴史みたいなものはすごく意味があると思います。

——それに関連して、向こうの研究者は、いろんな国の史料を使って研究をするようになってきています。昔は、ドイツ経済史家にヘルマン・ケレンベンツ[2]という、二五カ国ができる語学の天才がいました。ドイツ史だけではなく、ロシア史からポルトガル史まで、一次史料を用いた論文を書いています。しか

2ケレンベンツ（Hermann Kellenbenz, 1913-1990）ドイツの経済史家。多くの言語に通じ、ドイツ史だけではなく、イベリア半島など、ヨーロッパ近世全体の経済史に関心があった。

し、彼は例外として考えればよかった。

ところがケレンベンツほどではないですが、欧米では、複数の国の文書館に行って史料を探索する歴史家が増えてきました。たとえば、イタリア人が古いイタリア語や、スペイン語、ポルトガル語、フランス語を読むのはそんなに難しくないと思いますが、日本人研究者の場合、研究対象国の史料は読めるけれども、向こうの研究者のようにいろんな国の史料を自由に扱えない。では、そういう国際化の中でどのように日本人が研究していけばいいのか。これは相当深刻な問題で、私自身、どう解決すべきかわかりません。向こうの人たちと同じように研究していけばいいと考えている人もいるようですが、そう楽観視できないと思います。そんなにたくさんの古文書は読めない。

川北　そうですね。向こうの人たちが国際化していくと、それにはなかなかついていきにくいという部分がありますよね。

――たとえばロシアの貿易をやっていた研究者にコティライネというのがいるんですが、彼は一二ヵ国の文書館に行っているんです。つまり、一二ヵ国の言葉がわかる。そこまでは難しいにしても、数ヵ国のことをやってその関係をうまく描いた著作も考えられます。ただ、それは向こうの人だからできるのかもしれない。しかし、そういう人たちのように、説得力のある大きな歴史学をつくらないと、日本の西洋史研究者は、国際的にも、あるいは国内的にも生き延びていけないのではないか、というのが率直な感想です。それを深刻に捉えている人があんまりいないので、どうしたものかと考えているところです。あまりに教員の側にこの種の危機感がなさすぎるように思います。

川北　それは大事なことだと思います。日本同様、ヨーロッパのほうも、研究のツールが昔とは違ってきています。向こうの人だって昔は外国のことってやりづらかったわけだけれども、史料状況からいえば今はうんとやりやすくなっている。だから、数ヵ国を股にかけるような研究がどんどん出てくる。

――そうなんです。ほとんど唯一の例外が、イギリスです。イギリス人はイギリスの史料しか使わない。

川北　とくにEUがこういう状況になってくると、そういう意識が強くなっていくでしょうからね。

――その中で日本人がどのようにやっていくのか。たとえば、西洋の近世史講座でありながら英・独・仏のことをやっているという状況を変えないと、と思うんです。

川北　西洋とは何か、ヨーロッパとは何かというような話は、明治の初めごろにやっていた話で、それがどんどん細かくなっていくのが進歩だというかたちで進んできましたね。そして、ナショナル・ヒストリーからローカル・ヒストリーに推移していったわけですが、もう一度、西洋とは何かというふうな問題を立てる必要があります。

大学院生の研究・教育について

——私などは、中世史でいいますと、研究水準は今日の目からは低いかもしれませんが、堀米庸三、増田四郎の世代のものはすごくわかりやすかった。それと比べて、最近岩波書店から出ている「ヨーロッパの中世」というシリーズは、研究水準としては圧倒的に高くなったと思いますし、私にも非常に勉強になるんですが、果たして歴史学をやっている人以外にもインパクトがあるかというと、それはもうたぶんないだろうと。それは、このシリーズに限ったことではなく、西洋史全体の問題なんですね。そうなると、若い人たちを引きつけることもできないと思うんです。先生のほうでそれに関する妙案があれば、これまでの経験を振り返って、示していただけるとありがたいのですが……。

川北　誰かが非常に面白いヨーロッパ史を書かなければならないんです。読んで面白いヨーロッパ史をね。歴史に対する関心自体は、なくなっているわけではないと思います。だけど、プロの歴史家の仕事には関心をもっていない。これは何とかしないといけないと思います。

――では、大学院生の教育にかんして。分野にもよりますが、今は史料というときにあまりに文献史料にこだわり過ぎているようにみえます。これだけいろんな分野の研究が進んでいるのだから、インターディシプリナリー（interdisciplinary; 学際的な）な研究をしないと、西洋史というのが成り立たないんじゃないかと思います。

川北　そうですね。戦後以降の西洋史研究を全体として見ると、まず、戦後の近代化理論、近代化命題みたいなものがあって、それと付かず離れずでマルクス主義の歴史学があった。それぞれ何らかの大きな主張があって面白かった。それがだいぶダメになってきて、広い意味の社会史みたいなのが出てきた。これは興味を延長させたというところはあったんだけれども、その先、これというヒット作が出ていないかな。阿部謹也さんとか、網野善彦さん[1]とかが出てきたあと、一般の人を巻き込むような考え方とか、新しい研究の分野とかが出て

1 網野善彦（一九二八－二〇〇四）日本中世史家、海からみた歴史、非農業民に大きな関心をもった。「百姓は農民ではない」という言葉がとくに有名。代表作に『網野善彦著作集』全一九巻、岩波書店、二〇〇七－二〇〇九など。

きていないということは、やはり大きいでしょうね。そういう線が出てくれば、また若い人もかなり引きつけられるだろうし、そうすると、大学の講座も増えるかもしれない。

ちょっと厳しい話になってしまうけれども、今の大学院生の育て方を見ていると、縮小再生産みたいになってしまっている。評価の問題が絡んでいるからしょうがない面もあるんだけれども、先生が、こうしなさい、ああしなさいと言って、枠にはめて、その中でやらせるというパターンがあまりにも多くなっているから、型破りなことをやる人が出てこないような状況があります。これは相当問題だと思いますよ。

僕自身、お話ししたように、めちゃくちゃ型破りなことをやってきました。今だから言いますが、学部の卒業論文と修士論文は、西洋史のほかに地理の先生が審査員だったんだけれども、地理の先生には「読んだけどわかりまへん」と言われたんです。西洋史の先生にも「何かひとつの時代性をちゃんと書いておってすごいなと思ったけど、ようわからん」と言われたけれど、審査を通ったんです。だけど、今の大学の先生にはそういう度量はちょっとないでしょう。その時代でも、もしかすると、ほかの大学だったらアウトだったかもしれません。京都の先生方は、ちゃらんぽらんと言えばちゃらんぽらんで、奥行きが深いといえば深いところがあって、新しいこと、違うことをやれました。破天荒なことをやる人を認めるような、そういう余裕がないとしんどいですね。

――昔の先生はなにか反対意見があるとしても、ひと言言っておしまい。それ以上のことを言いませんでしたね。私の院生時代は、院生は今よりもずっと大人扱いされていました。

川北　今は、細かく指導し過ぎる気がします。それは結局、枠にはめることになっている。大学院生の研究テーマをずらっと見ると、だいたい指導している先生がわかる。近代日本の初期の西洋絵画みたいなもので、この人はセザンヌの偽物、この人はピカソの真似をしているとか、みんなわかるような感じ。それはちょっと情けないですよね。

――この前の国際経済史学会（二〇〇九年）で、若い院生のポスター・セッションに二つ出ました。一つはローマ帝政時代のもので、川北先生の身長学[2]の話と関係してくる発表でした。この時代は経済衰退の時代だといわれているけれども、発掘された人骨を見ると、人骨が大きくなっている。むしろ経済発展していたんじゃないかという話です。はっきり言って眉唾ものですけれども、そ

2 栄養状態が良ければ身長が伸び、悪ければ縮むという人間の特性を利用し、身長を基準として、生活水準・経済成長などを論じる学問。

もそも古代史の史料自体が少ないですから、これは素人である私には、非常に面白い試みに思えました。

もう一つは、スペイン人研究者の発表で、農業革命にかんするものでした。農業革命期になると、狩猟・採集のときに比べ、栄養状態の変動がなくなっていると言うんです。栄養状態が良くなったり悪くなったりした場合、脚部のレントゲン写真を撮ると、輪っかが見えるそうなんです。これはハリスラインと呼ばれます。狩猟・採集以後、そのハリスラインがなくなったので、栄養水準自体は低くなったけれども、安定度が高くなったというわけです。前提となる数式自身がよくわからないので、正しいかどうかはわかりませんが、面白いと思いました。こういう視点があると、古代史も経済史の中に入れやすくなる。また、考古学が発達すれば、もっと入れやすくなると思います。

日本でそういう発表をした場合、果たしてどこまで受け入れられるのか。こういう研究がもっと受け入れられるような土壌がないと困るのではないかと思います。

川北　そうですね。昔に比べて、枠組みにはまっているという感じがするのは、若い人にも、指導者にも問題があると思いますが、制度的なところで、一定の成果を早く出さなければならないという制約の問題もある。だけど、何か破天荒なことをする人がいて、周りもそれを笑って認めるようなところがないと、学問というのは発展しないような気がします。

——こんなことを言うと怒られるかもしれませんが、終わりのほうの大塚史学みたいになってしまう……。

川北　そうなんです。それが大塚史学[3]の最後だったのかどうかわからないけれども、すごく印象に残っているのは、ヴェーバーの議論をしている人たちの最後のあたりです。岩波の『思想』で、編集部の問題もあったのかもしれないのですが、そのころ数人が入れ替わり立ち替わり書いていて、「マルクスとヴェーバーと」なのか、「マルクスもヴェーバーも」なのか、「マルクスかヴェーバーか」なのかというような議論をしていた。延々とやっているのだけれども、それを研究している人たち以外には何の興味ももてないような内容になってしまった。そうなると、もうどうしようもない。普通の人がちょっと説明を聞いて、ああ、面白いなと思えるようなことでないと、やはりしんどいと思います。

阪大でCOE[4]がはじまって、学内審査をやるように言われて審査会にだいぶ出ました。先端医学の話とか、工学部や理学部のトップの話とか出てくるわけ

3　本書四九頁、脚注参照。

4　Center of Excellence. 日本の大学を世界最高水準の研究機関・拠点にすることを目指して文部科学省が行う支援制度。

です。でも、何もわかりません。何もわからないけれども、まあそのプレゼンテーションをする人たちはある意味で素人でもわかるようにやるように心がけておられるので、本当のところはわかりませんが、聞いていてすごく面白いものもある。

素人が聞いて「これは話として面白いな」という話にならないと、やはりあかんと思うんです。そういうことのできる若い人が出てきてほしいとは思います。

若い研究者へのメッセージ

――最後に、先生から若い人へのメッセージをお願いしたいと思います。

川北　若い人は、歴史、西洋史ってこういうものだというのを本で読んだり、また先生がそういうふうに教えたりするだろうけれども、そういうのはあんまり気にしないで、本当に好きなことをやってもらうとうまくいくのかな、と思います。ただ、その場合、歴史学というのは、結局は時代性のようなもの、ひとつの社会、ひとつの時代の特徴を明らかにする、そういうものであることを忘れないように。そこへつながってさえいれば、相当とんでもないことをやっても、最終的には行けると思います。先生や、先生の先生がしている研究、先生が「これは、うん、なかなか面白いね」と言うようなものは、本当はあんまり面白くないのだということを考えておいてほしいと思います。テーマを見ていると、陳腐さというか、それが一番気になります。

――指導教授する立場にいるような人に対しては。

川北　そのレベルの人たちには、西洋史が、西洋史研究者の中でどうということよりも、社会的にどういうふうに受け取られるのかということを、頭のどこかに置いてほしい。そうするとだいぶ変わってくるんじゃないかなと思います。そこのところが、かなり落ちているというか、そんなふうな気はします。

主要著作一覧

著書

『岩波講座世界歴史16 近代3』（共著）岩波書店、一九七〇年
『産業革命と民衆』（共編著）河出書房新社、一九七五年〈河出文庫版、一九九二年〉
『講座西洋経済史I 工業化の始動』（共編著）同文舘出版、一九七九年
『路地裏の大英帝国――イギリス都市生活史』（共編著）平凡社、一九八二年〈平凡社ライブラリー版、二〇〇一年〉
『工業化の歴史的前提――帝国とジェントルマン』岩波書店、一九八三年
『洒落者たちのイギリス史――騎士の国から紳士の国へ』平凡社、一九八六年〈平凡社ライブラリー版、一九九三年〉
『大都会の誕生――出来事の歴史像を読む』（共著）有斐閣選書、一九八六年
『イギリス近代史――宗教改革から現代まで』（共編著）ミネルヴァ書房、一九八六年〈改訂増補版、二〇〇三年〉
『「非労働時間」の生活史――英国風ライフスタイルの成立』（編著）リブロポート、一九八七年
『ジェントルマン――その周辺とイギリス近代』（共編著）ミネルヴァ書房、一九八七年
『シリーズ世界史への問い2 生活の技術・生産の技術』（共編著）岩波書店、一九九〇年
『シリーズ世界史への問い3 移動と交流』（共編著）岩波書店、一九九〇年
『民衆の大英帝国――近世イギリス社会とアメリカ移民』岩波書店、一九九〇年〈岩波現代文庫版、二〇〇八年〉
『新詳世界史B』（共著）帝国書院、一九九一年〈現在3訂〉
『歴史学事典1 交換と消費』（編著、全15巻責任編集）弘文堂、一九九四年
『社会史への途』（共編著）有斐閣、一九九五年

『歴史学と現在』（共編著）柏書房、一九九五年
『食生活と社会構造の史的展開』天理時報社、一九九五年
『イギリス　繁栄のあとさき』ダイヤモンド社、一九九五年
『叢書歴史学と現在　歴史学と現在――シンポジウム』（共編）柏書房、一九九五年
『砂糖の世界史』岩波書店、一九九六年〈中国、韓国、台湾でそれぞれ翻訳書出版済み〉
『岩波講座世界歴史17　環大西洋革命の時代』（共編著）岩波書店、一九九七年
『ヨーロッパと近代世界』（編著）放送大学教育振興会、一九九七年〈改訂版二〇〇一年〉
『世界の歴史25　アジアと欧米世界』（共著）中央公論社、一九九八年
『新版世界各国史11　イギリス史』（編著）山川出版社、一九九八年
『支配の地域史』（共編著）山川出版社、二〇〇〇年
『周縁からのまなざし――もうひとつのイギリス近代』（共編著）山川出版社、二〇〇〇年
『イギリスの歴史――帝国=コモンウェルスのあゆみ』（共編著）有斐閣アルマ、二〇〇〇年
『知の教科書　ウォーラーステイン』（編著）講談社選書メチエ、二〇〇一年
『アメリカは誰のものか――ウェールズ王子マドックの神話』ＮＴＴ出版、二〇〇一年
『角川世界史辞典』（共編著）角川書店、二〇〇一年
『最新世界史図説タペストリー［最新版］』（監修）帝国書院、二〇〇三年〈現在7訂版〉
『空間のイギリス史』（共編著）山川出版社、二〇〇五年
『結社のイギリス史――クラブから帝国まで』（編著）山川出版社、二〇〇五年
『歴史学事典13　所有と生産』（編著、全15巻責任編集）弘文堂、二〇〇六年
『世界の食文化17　イギリス』農文協、二〇〇六年

『西洋近現代史研究入門〔第3版〕』（共編）名古屋大学出版会、二〇〇六年

翻訳書

H・J・ハバカク『十八世紀イギリスにおける農業問題』社会科学ゼミナール41、未來社、一九六七年

ハーバート・バターフィールド『ウィッグ史観批判――現代歴史学の反省』（共訳）未來社、一九六七年

J・H・エリオット『旧世界と新世界――一四九二年～一六五〇年』（共訳）岩波書店、一九七五年〈岩波モダンクラシックス版、二〇〇五年〉

E・ウィリアムズ『コロンブスからカストロまで――カリブ海域史 1492～1969』I・II、岩波書店、一九七八年〈岩波現代選書、一九七八年／岩波モダンクラシックス版、二〇〇〇年〉

I・ウォーラーステイン『近代世界システム――農業資本主義と「ヨーロッパ世界経済」の成立』I・II、岩波書店、一九八一年〈岩波現代選書、一九八一年／岩波モダンクラシックス版、二〇〇六年〉

I・ウォーラーステイン『史的システムとしての資本主義』岩波現代選書、一九八五年、新版一九九七年〉

K・ハドソン、北川信也訳『質屋の世界――イギリス社会史の一側面』リブロポート、一九八五年（北川信也は筆名）

P・ラスレット『われら失いし世界――近代イギリス社会史』（共訳）三嶺書房、一九八六年

シドニー・W・ミンツ『甘さと権力――砂糖が語る近代史』（共訳）平凡社、一九八八年

デイヴィド・ヴィンセント『パンと知識と解放と――19世紀イギリス労働者階級の自叙伝を読む』（共訳）岩波書店、一九九一年

A・L・ベーア、R・フィンレイ編『メトロポリス・ロンドンの成立――一五〇〇年から一七〇〇年まで』三嶺書房、一九九二年

I・ウォーラーステイン『近代世界システム 一六〇〇年～一七五〇年――重商主義と「ヨーロッパ世界経済」の凝集』名古屋大学出版会、一九九三年

ジョン・ハワード『十八世紀ヨーロッパ監獄事情』(共訳) 岩波文庫、一九九四年
A・J・クリストファー『景観の大英帝国——絶頂期の帝国システム』三嶺書房、一九九五年
I・ウォーラーステイン『近代世界システム 1730～1840s——大西洋革命の時代』名古屋大学出版会、一九九七年
リンダ・コリー『イギリス国民の誕生』(監訳) 名古屋大学出版会、二〇〇〇年
A・ローゼン『現代イギリス社会史 1950～2000』岩波書店、二〇〇五年
R・イングリッシュ、M・ケニー『経済衰退の歴史学——イギリス衰退論争の諸相』ミネルヴァ書房、二〇〇八年

論文

「17・8世紀英国の経済成長——物価史的アプローチ」『西洋史学』67号、一九六五年
「価格革命期英国の経済成長——一五五〇年～一六二〇年代」『史林』49巻4号、一九六六年
「イギリス18世紀の経済成長——一七三〇年から一七七〇年代まで」『社会経済史学』33巻4号、一九六七年
「イギリス産業革命前史と貿易——18世紀の経済成長・再考」『待兼山論叢』2号、一九六八年
「イギリス工業化と旧帝国——西インド諸島を中心に」『史林』54巻6号、一九七一年
「工業化前イギリスの社会と経済」柴田三千雄・松浦高嶺編『近代イギリス史の再検討』御茶の水書房、一九七二年
「裏からみた『商業革命』——18世紀イギリスの対欧貿易」『大学社会福祉評論』(大阪女子大学) 4巻2号、一九七五年
「イギリス産業革命と地主」『西洋史学』75号、一九七五年
「工業化社会への移行モデル」社会経済史学会編『社会経済史学の課題と展望』有斐閣、一九七六年

「スクワイアラキーと『生活革命』――イギリス工業化の社会的起源」『西洋史学』100号、一九七六年
「『17世紀の全般的危機』とイギリス経済――一六二〇年～一六四〇年まで」『西洋史学』111号、一九七九年
「産業革命と家庭生活」角山榮編『講座西洋経済史Ⅱ　産業革命の時代』同文舘出版、一九七九年
「産業革命と家庭生活」『歴史教育』11号、一九八〇年
「『奢侈禁止法』の時代」『経済評論』32巻10号、一九八三年
「イギリス社会と年季契約移民帝国形成の社会史」『歴史科学』95、一九八三年
「イギリス近世都市の成立と崩壊――リヴァプールを中心に」中村賢二郎編『都市の社会史』ミネルヴァ書房、一九八三年
"The Shaping of Anglo-American World: A Symposium on Early American History", *Japanese Journal of American Studies*, vol. 2, 1983
「見せ物としての都市」樺山紘一・奥田道大編『都市の文化』有斐閣、一九八四年
「奢侈禁止法からキャラコ禁止法へ――衣料社会史の試み」『歴史と社会』4号、リブロポート、一九八四年
「前資本主義時代における世界的資本蓄積の理論をめぐって」社会経済史学会編『社会経済史学の課題と展望』有斐閣、一九八四年
『大航海時代叢書　イギリス人の航海と植民Ⅱ』（注釈・解題）岩波書店、一九八五年
「ファッションとスラム――十九世紀ロンドンにかんする一考察」中村賢二郎編『歴史のなかの都市――続都市の社会史』ミネルヴァ書房、一九八六年
「イギリス近世都市の特質と魅力――17・18世紀の『都市ルネサンス』」『都市問題研究』40巻9号、一九八八年
「地域文化と『地方首都』――近代イギリスの場合」『都市問題研究』42巻8号、一九九〇年
「「工業化社会の誕生」「『二重革命』の時代」村岡健次・木畑洋一編『世界歴史大系　イギリス史3　[近現代]』

山川出版社、一九九一年
「近世イギリス社会の諸相」朝尾直弘編『日本の近世1　世界史のなかの近世』（共著）中央公論社、一九九一年
「都市化と『余暇』生活――イギリス近代の場合」『都市問題研究』44巻12号、一九九二年
「経済史と社会史のはざま」『社会経済史学』59巻1号、一九九三年
「イギリス近代史の内と外――帝国の社会史へ」遅塚忠躬・近藤和彦編『過ぎ去ろうとしない近代』山川出版社、一九九三年
「イギリス近世の高齢者と寡婦――「救貧パラノイア」の前提」前川和也編著『家族・世帯・家門――工業化以前の世界から』ミネルヴァ書房、一九九三年
「盛り場のロンドン史」『都市問題研究』45巻9号、一九九三年
「『残余の要因』――イギリス近代史研究の30年」『歴史科学』133号、一九九三年
「大西洋奴隷貿易の展開とカリブ海域」歴史学研究会編『講座世界歴史2　近代世界への道――変容と摩擦』東京大学出版会、一九九五年
「近世ロンドン史の二つの顔――首都から帝都へ」『日本史研究』404号、一九九六年
「福音主義者の理想と奴隷制の廃止」松村昌家ほか編『新帝国の開花』研究社、一九九六年
「紳士の修学旅行」柏木隆雄・山口修編『異文化の交流』大阪大学出版会、一九九六年
「近代イギリス史の二つのパースペクティヴ」奈良産業大学『産業と経済』11－1、一九九六年
「近代イギリスにおけるステイタス基準の展開――『政治算術』の前後」前川和也編『ステイタスと職業』ミネルヴァ書房、一九九七年
「『生活水準』の指標としての身長――イギリス産業革命研究の新展開」『龍谷大学経営学論集』37巻4号、一九九八年

「世界史のなかの生活史」樺山紘一ほか編『世界史へ——新しい歴史像をもとめて』山川出版社、一九九八年

「近代世界システムとは何か」『大航海』21号、一九九八年

「自然環境と歴史学——トータル・ヒストリを求めて」川北稔ほか編『岩波講座世界歴史1　世界史へのアプローチ』一九九八年

「地主ジェントルマンの20世紀——ハバカクとトムソンの理解」『歴史評論』577号一九九八年

「歴史観としての世界システム論」『情況』9巻5号、一九九八年

「生活文化の『イギリス化』と『大英帝国』の成立——18世紀におけるイギリス帝国の変容」木畑洋一編『大英帝国と帝国意識——支配の深層を探る』ミネルヴァ書房、一九九八年

「イマニュエル・ウォーラーステイン——近代世界システム」『大航海』28号、一九九九年

「イギリス風マナーの自立——『イギリス人』らしさの成立」指昭博編『「イギリス」であること』刀水書房、一九九九年

「歴史学はどこへ行くのか——21世紀にむかって」『七隈史学』創刊号、二〇〇〇年

"British Hegemony and the Post-War interpretation of History in Japan", S. Akita and T. Matsuda, eds., *Looking Back at the 20th Century: The Role of Hegemonic State and the Transformation of the modern World-System*, Osaka University of Foreign Studies, 2000

「『帝国とジェントルマン』再考」山本正編『ジェントルマンであること』刀水書房、二〇〇〇年

「歴史という扉」選書メチエ編集部編『学問はおもしろい——〈知の人生〉へどう出発したか』（共著）講談社選書メチエ、二〇〇一年

「近代世界と産業革命・市民革命——時代区分の指標として」歴史学研究会編『現代歴史学の成果と課題　1980－2000年　歴史学における方法的転回I』御茶ノ水書房、二〇〇二年

「イギリスのヘゲモニーと日本の戦後史学」松田武・秋田茂編『ヘゲモニー国家と世界システム――20世紀をふりかえって』山川出版社、二〇〇二年
「国家をこえて――近代世界システム論からみた21世紀」『季刊民族学』26巻3号、二〇〇二年
「戦後史学から世界システム論まで」『唯物論と現代』31号、二〇〇三年
「カリブ海域史への視角――エリック・ウィリアムズと『戦後の歴史学』」『日仏文化』68号、二〇〇三年
「近代世界システムのゆくえ――二十一世紀の世界」『季報唯物論研究』88号、二〇〇四年
「『政治算術』の世紀」『パブリック・ヒストリー』（大阪大学西洋史学会）創刊号、二〇〇四年
「言説としての産業革命」『関西大学西洋史論叢』9号、二〇〇六年
「リアルなものを求めて――『日本西洋史学』への道」『パブリック・ヒストリー』（大阪大学西洋史学会）4号、二〇〇七年
「『帝国主義史』から『帝国史』へ日本におけるイギリス帝国史研究の変遷」木畑洋一編『イギリス帝国と20世紀5　現代世界とイギリス帝国』ミネルヴァ書房、二〇〇七年
「輸入代替としての産業革命」懐徳堂記念会編『世界史を書き直す・日本史を書き直す――阪大史学の挑戦』和泉書院、二〇〇八年
「歴史学は回復するか――イギリス衰退論争」『大航海』65号、二〇〇八年
「イギリス近代史再考――衰退論争のゆくえ」『関学西洋史論集』29号、二〇〇八年
「万国喫茶往来　紅茶とコーヒー――『紅茶の国』イギリス」『季刊民族学』32巻3号、二〇〇八年
「産業革命をどうとらえるか」『歴史地理教育』736号、二〇〇八年
「国境なき民衆のライフサイクル」前川和也編著『空間と移動の社会史』ミネルヴァ書房、二〇〇九年

解　説

私が「川北稔」という名前をはじめて目にしたのは、たぶん高校二年生のときであったから、一九八一年のことであろう。本文中にも出てくる『講座西洋経済史』（同文舘出版）の執筆者として、その名を何度も拝見したことを今も覚えている。川北先生はこの当時まだ四〇代初めの助教授であり、しかも何章にもわたって執筆されており、若いのに優秀な研究者だという印象を強く受けた。生意気な高校生であった。

その高校生が同志社大学の大学生となり、まずイギリス史を志したのは、やはり川北先生の影響が大きい。とはいえ、私と同世代でイギリス史のみならず、西洋近世史、近代史の研究者になろうとした人間で、川北先生の著作に影響されなかったものなど皆無ではないだろうか。何よりも先生の文章・論旨がわかりやすく、大きな事柄から小さな話題まで、ありとあらゆることに精通しておられ、しかもすべての事象が関連している。そのような歴史学に興味が湧かないはずはなく、川北稔という人物は、大学時代の私の憧れの研究者となった。とくに大学に入学した一九八三年に上梓された『工業化の歴史的前提』（岩波書店）は、川北先生の主著であり、学生時代何度も何度も読み返した。どこに何が書いていているのか、どういう誤植があるのかということまで覚えたほどである。その注に出てくる文献を読むことが、私の大学時代の日課になった。

川北先生は、四回生の七月頃までは、いわば紙の上だけの存在であった。しかし、当時同志社大学に非常勤講師で来ておられた越智武臣先生のご紹介で、川北先生にお目にかかることができた。先生は、ご自宅近くの阪急長岡天神駅まで、自転車で私を迎えに来てくださった。それからご自宅に伺ったのだが、どのような質問をしても、関連文献を次々にもってこられ、しかも一冊一冊の研究史上の位置づけまで教えられた。その圧倒的な読書量に、まだ学部生であった私はたじたじとなった。ご自宅をあとにするときに、こんなにも大量の文献を読まなければならないのかと、前途多難な気がした。ご自宅にお邪魔すると、どの分野について質問しても大量の本をもってこられるので、ついつい足が遠のいてしまった。長年、川北先生のご自宅を訪問させていただいていないのは、じつはこのような理由からである。

とはいえ、川北先生が所蔵しておられる本には、欄外に書き込みがしてあり、これが初学者である私には大きな導きの糸になった。各段落の要点が書き込まれているので、「なるほど、これはこういうことなのか」と納得したり、あるいは見知らぬ研究者の名前が書かれていたりすると、自分の不明を恥じた。

このように、私の研究者としての成長には、川北先生の存在は欠かせなかったのである。

川北先生が二度目のイギリス留学をされたのは、一九八七年のことであった。むろんそれ以前から高名な先生であったが、本格的な活躍は、その後のことだと思う。『工業化の歴史的前提』や『洒落者たちのイギリス史』ですでに名をはせていた先生であったが、ご帰国後の一九九〇年に上梓された『民衆の大英帝国』（岩波書店）でその名を不動のものにしたといってよいであろう。より正確にいえば、『工業化の歴史的前提』の上梓以来、とりわけ二度目の留学からご帰国後の一九八八年からから十年間あまり、川北先生の著作は、きわめて多くの人に読まれ、多大な影響を西洋史学界、ひいては、歴史学界に及ぼした。

信じられないほど大量の論文、書物、書評、エッセイなどを書かれ、翻訳を上梓され、しかも乱作で質が下がったという印象は与えなかった。この点で、川北先生はまさに希有な存在であった。専門家のあいだだけではなく、広く一般の人々のなかにも多数のファンがいた。川北先生の名声が高まるとともに、多くの研究者、とりわけ院生が川北先生に抜刷りや書物を謹呈し、先生はそのひとつひとつにきちんと礼状を書かれた。これは、後進の手本となるべきことである。

川北先生が属しておられたのは、大阪大学文学部の西洋近世史講座である。しかし、それは阪大ではなく川北稔が所有する講座というイメージがもたれるようになった。このようなことは、日本西洋史学界で、最初にして最後のことであろう。川北先生は、院生の指導を怠ることなく、多くの院生に就職先を——場合によっては他大学の院生にまで——斡旋された。大阪大学文学研究科の西洋史学専攻は、日本の西洋史研究室のなかでもっとも就職率の良い専攻となった。

　このころの川北先生は、私には、まさに「無敵艦隊」のごとき存在であった。どうすれば、あれほどの量と質の研究を次々に生み出せるのかがわからなかった。あまりに偉大すぎ、ご多忙ということもあり、なかなか近づけなかった。

　一九九六年頃から、大学行政に本格的にかかわられるようになると、さすがの川北先生も、執筆のペースは落ちた。しかし、それでも、『イギリス国民の誕生』（名古屋大学出版会）の監訳を二〇〇〇年に、『アメリカは誰のものか』（NTT出版）を二〇〇一年に出版された。

　大学行政では、二つの大きな仕事をされた。阪大文学部を大学院大学にすること、さらに独立行政法人化である。この両方で重要な役割を果たした人はそういないであろうが、川北先生は数少ないひとりである。詳しくは本文を読んでいただきたいが、先生は行政面でも手腕を発揮された。しかしこの仕事はかなり激務であり、椎間板ヘルニアにかかるなど、体力的にも大変であった。川北先生は、変革期の大学で本来できたはずの研究を進めることができなかった。これは、大いに悔やまれることである。

　川北先生が京都産業大学の客員教授になられたのは、二〇〇五年のことであった。それ以来、先生が出勤される月曜日と火曜日には、ほぼ毎回研究室にお邪魔し、話をうかがっている。本学に来られた頃は、大阪大学を退官されて、ホッとした様子がよくわかった。

　川北先生に毎日話をしていただくということは、碩学にタダで家庭教師をしてもらっているようなものであり、これほどまでに恵まれた環境で研究できたことは、これまでの私の人生にはなかったことである。川北先生が何よりも強調されるのは、現実社会のなかでどのように西洋史を研究していくかということであり、社会を離れた独自の西洋史研究など、ありえないということである。そもそも、西洋史学界、大きくみて歴史学界が成立するのは、世間からその存立を認められているからであるということを、われわれは忘れがちである。学界の存在を自明の前提条件とし、歴史家のみを視野に入れた研究者にとって、川北先生の言葉は、大きな反省材料を提供するであろう。

このような話をお聞きするうちに、またさまざまな会話をしていくうちに、川北稔という人物は、私のなかでかつてのような「無敵艦隊」という存在ではなくなっていった。やはり、川北先生も人間であり、苦手な分野があるとわかるようになってきた。これは、私自身の研究者としての成長もあるのだが、川北先生が率直に、ご自分の苦手分野を隠さず、知らないことは知らないとおっしゃるからである。

私は二〇〇九年に大阪大学文学研究科から博士号を授与されたが、そのときの副査のひとり（主査は大阪大学大学院文学研究科教授の秋田茂先生）が、川北先生であった。名誉教授が博士論文の審査をするのは、阪大文学部はじまって以来のことであったらしい。

このように、私にとって川北先生は、長い期間を経て、雲の上の存在から、親しい年上の同僚へと変化した――業績が雲の上であることは以前と変わらないが。

川北先生の西洋史研究の出発点は、成長経済史学にあった。おそらく修士論文をもとにして雑誌論文として書いた最初の三本で、一五五〇年代から一七七〇年代までのイギリスの経済成長について論じられた。私がこれらの論文を読んだのは大学院生のときであったが、なぜこのような論文を一九六〇年代に書くことができたのか、信じられない気持ちであった。いかに優秀な研究者であれ、通常は、指導教授や周囲の環境に大きく影響された論文を書くものである。しかし、川北先生の場合はまったく違っており、他の人々とはきわめて異なる分野を研究する大家として最初から出発したという感が強い。必要な技術は、すべて独学であっという間にマスターしたという印象を与える。しかも、先生が書かれたような成長経済史学の業績は、イギリス本国にもない。すなわち、川北先生は、一九六〇年代半ばの日本で、本国のイギリスを越えるような業績を、ほとんど誰の手も借りずに二〇代半ばで出されたのである。この偉業は、いくら強調しても強調しすぎることはあるまい。しかしその正当な評価は、今もってなされてはいない。

普通なら、そのまま計量経済史家として研究者としての生涯をおくるわけであるが、川北先生はイギリスの経済成長を可能にした、さまざまな要因を考察されることになった。その結果行き着いたのが、「帝国とジェントルマン」というシェーマであった。近世から近代にかけてのイギリスの担い手は、ジェントルマンであり、彼らの支配体制は「帝国」と密接な関係があった。ここで提示されているシェーマは、ご本人の希望とはうらはらに、現在もなお西洋史学界で強い影響力を及ぼしている。これとは別のシェーマをつくることこそ、後進に残された最大の課題となるはずである。

川北史学を一言でまとめるのはかなり乱暴なことだが、それでもあえて試みるなら、「ヒトとモノの移動に重心を置いた歴史」となることであろう。先生は、そのような歴史叙述をすることで、計量経済史家から脱皮された。ヒトの移動にかんしては、『民衆の大英帝国』が最大の業績とみなされよう。本書の最初の部分で、川北先生は、アメリカ移民とは、少なくともその一部は、ピューリタンではなく、貧民からなるライフサイクルサーヴァントであり、彼らは、国内の人口移動の延長線上として、アメリカに移住したことを明らかにされた。このような研究も、イギリス本国にはない。この研究は、移民史と人口史の結合であり、この二つの分野で専門的な知識をもつこと自体ほとんど考えられず、数多くの分野に秀でていらっしゃる先生の真骨頂が発揮されているといってよい。

モノの移動にかんしては、デイヴィズやフィッシャーからの影響を強く受けたことがわかる。しかしデイヴィズは貿易統計の収集に力を入れ、しかも輸出面を重視していた。イギリスが低開発経済の状態にあったという発想はなかったように思われる。フィッシャーは、ロンドンからアントウェルペンへの毛織物輸出は論じているが、他地域には言及せず、輸入も扱ってはいない。それに対し川北先生は、デイヴィズと同様新世界を重視したが、デイヴィズとは逆に砂糖やタバコなどの日常商品の輸入に目を向けた。日常品の売買や流通から、経済発展を考察されるのである。しかもエリック・ウィリアムズの影響もあり、新世界の低開発状態は、「低開発を開発」したイギリスの政策に由来するものだと考えた。

長い研究のあいだに、川北先生は非常に多くの研究者の影響を受けられた。しかも、それらの研究を吸収し尽くすだけの消化力があるばかりか、新しい視点を付け加えるという独創力をもっている点が非常に重要である。先生は、決して外国人研究者のエピゴーネンではない。絶えず、日本人にとっての西洋史研究の意味は何かと考えておられるのである。

川北先生の研究がわれわれを魅了してやまないのも、外国の重要な研究をいち早く紹介するだけでなく、先生ご自身が考えられた独自の意味を付与し、日本人にとってより豊かな歴史学を提示するからにほかならないのではないか。現在、われわれが史料の山に埋もれ、ともすれば見失ってしまうのはこのような視点であろう。どのような立場に立つ歴史家も、そのような研究態度は見習うべきであり、やがて川北先生とは違う視点で興味深い歴史叙述をすることこそ、もっとも必要なことではないかと思っている。私が、今回の対談で何よりも強く感じたのはそのことであった。

創元社の堂本さんから、対談のお話をいただいたのは、二〇〇九年の七月であった。話はトントン拍子に進み、同年九月六日に実現の運びとなった。たぶん六時間くらい話をしていたと思うが、話の楽しさもあり、あっという間に時間が過ぎていった。大変満足した一日であった。

その楽しさを読者の方々に提供できれば、私の任務は果たせたことになる。願わくばこの任務を果たし、西洋史に興味をもってくださる方が増えますよう。

玉木俊明

人名索引

【あ】

合阪學 127
会田雄次 82、191
秋田茂 265
朝治啓三 57、59
浅田実 57
阿部謹也 158、159、192、246
網野善彦 246
荒井政治 120
アレン、ロバート 155
アンウィン、ジョージ 43
アンダソン、ペリー 69
飯沼二郎 47、70、79
池上禎造 28
池本幸三 22、25
井上智勇 29、32、63、138
井ノ瀬久美惠 59
今井宏 110、232
今津晃 61、63、100
イングリッシュ、リチャード 72
ウィーナー、マーティン 199
ヴィーベ、ゲオルク 216
ウィリアムズ、エリック・ユースタス 4、5、136–141、155、187、267
ヴェーバー、マックス 5、200、204、236
250
植村清之助 32、101
植村雅彦 32、99、103
ウォーラーステイン、イマニュエル 44
143–147、156–161、186、188
大来佐武郎 211
大塚久雄 11、49
岡田渥美 105、107
岡部健彦 98–101
越智武臣 33–35、45–52、56–63
77、91、98、100、101、134、150、189
オブライエン、パトリック・カール 39、133

【か】

カー、エドワード・ハレット 10
加藤祐三 174
樺山紘一 185
川口博 77、128
川島昭夫 41、57、59、110、119
河村貞枝 57、109、119
樺美智子 28
岸田紀 34、119
クチンスキー、ユルゲン 216
栗本慎一郎 120

クルゼ、フランソワ 210
桑原莞爾 99
ケイン、ピーター 73、133、134、189
ケニー、マイケル 72
ケレンベンツ、ヘルマン 242
コール、ウィリアム・アラン 82
古賀秀男 110
コスミンスキー、エフゲニー・アレクセイヴィッチ 88、89
小松芳喬 43

【さ】

齋藤秀三郎 51
作道洋太郎 103
指昭博 163
サッチャー、マーガレット 72、73、177
サプル、バリー・エマニュエル 35-38、45、76
柴田三千雄 122、123
斯波義信 168
下村治 211
ジョン、アーサー 130
スウィージー、ポール 37
杉原薫 120
杉本淑彦 57、59、194
鈴木利章 110
ソブール、アルベール 85、136、144
ゾンバルト、ヴェルナー 200

【た】

高橋章 102
竹岡敬温 144
都出比呂志 151、190
角山榮 23、37、41、43、47、50、70、79、91、109、111、153、182、188
ディーン、フィリス 82
デイヴィズ、ラルフ 94、133、134、267
ディキンズ、アーサー・ジェフリー 130
出口勇蔵 48
トーニー、リチャード・ヘンリー 37、42、45、48、49、86、186
ドッブ、モーリス 37
ドプシュ、アルフォンス 32
富岡次郎 30、31
富澤霊岸 110
豊田堯 84、85、99、100-103、107、108、144
豊永泰子 62、64、98
トレヴェリアン、ジョージ・マコーレイ 58

【な】

中川順子 99
長田豊臣 98
中野保男 121、217
中原与茂九郎 30、31
中村賢二郎 59、99
中村幸太郎 106
中村孝志 216
中村幹雄 239
中山章 59
中山昭吉 127
中山毅 137、187
ニール、ジョン・アーネスト 101
西村閑也 126
二宮宏之 158
ネイミア、ルイス・バーンスタイン 101
野田宣雄 61

【は】

バーネット、コレリ 70
パウエル、コリン 139

バターフィールド、ハーバート　58
服部春彦　98、127
ハバカク　47、79、80、118、131、133
ヒル、クリストファー　68
ピレンヌ、アンリ　32
廣實源太郎　99
フィッシャー、フレデリック・ジャック　35、38、39、42－45、49、76、86、90－93、117、118、147、186、267
フェーブル、ルシアン　77、143
福井憲彦　199
ブローデル、フェルナン　83、136、143－147、159、160
ブロック、マルク　77、143
ポスタン、マイケル　88、89
ホプキンズ、アンソニー　73、189
ホブズボーム、エリック　130
ポメランツ、ケニース　194
堀井敏夫　127
堀米庸三　24、25、33、200、245

【ま】

前川和也　30、62、64、196
前川貞次郎　63、84、137、138
マサイアス、ピーター　130、131
増田四郎　32、33、245
松浦京子　59
松浦高嶺　123
松垣裕　98
マルクス、カール・ハインリヒ　5、236、250
マルサス、トマス・ロバート　87
丸山眞男　111
マントゥー、ポール　154
見市雅俊　119
水谷三公　70
宮本又郎　103
宮本又次　103、168
ミラード、A.M.　95
村岡健次　34、41、57、59、110、119、188
村田数之亮　99
望田幸男　61、63、65、82、110、111
本山美彦　157

【や】

矢口孝次郎　43、182
安井拓磨　211
安沢秀一　120
安場保吉　103
安元稔　120
山下範久　143
山田信夫　200
山之内靖　126
山本茂　61
山本有造　215
湯沢威　131
吉岡昭彦　80、95、96、123
米田治泰　218

【ら・わ】

ラガツ、ローウェル　136、137
ラムゼイ、ジョージ・ダニエル　93
ランデス、デヴィッド　132
リカード、デヴィッド　165
リグリー、エドワード・アンソニー　89
ル・ゴフ、ジャック　143
ルイス、ウィリアム・アーサー　211
ローゼン、アンドリュー　235
ロストウ、ウォルト・ホイットマン　88
脇田修　168
鷲田清一　1

川北 稔（かわきた・みのる）［本編対談、コラム執筆］

1940年大阪市生まれ。京都大学文学部卒業、同大学大学院文学研究科博士課程（西洋史学専攻）中退。文学博士。大阪大学大学院文学研究科教授、名古屋外国語大学教授を経て、現在、国際高等研究所副所長、京都産業大学文化学部客員教授、大阪大学名誉教授。
著書：『工業化の歴史的前提』『民衆の大英帝国』『砂糖の世界史』（以上、岩波書店）、『路地裏の大英帝国』『洒落者たちのイギリス史』（以上、平凡社）など多数。

玉木俊明（たまき・としあき）［本編対談、脚注執筆］

1964年大阪市生まれ。同志社大学文学部卒業、同大学大学院文学研究科（文化史学専攻）博士後期課程単位取得退学。京都産業大学経済学部専任講師、助教授を経て、現在、京都産業大学経済学部教授。
著書：『北方ヨーロッパの商業と経済』（知泉書館）、『近代ヨーロッパの誕生』（講談社）、*War, State and Development: Fiscal-Military States in the Eighteenth Century*（共著、Pamplona）、『近代ヨーロッパの探究　国際商業』（共著、ミネルヴァ書房）、『ヘゲモニー国家と世界システム』（共著、山川出版社）など。

私《わたし》と西洋史研究《せいようしけんきゅう》——歴史家の役割

2010年4月10日　第1版第1刷発行

著　者　川北 稔、玉木俊明
発行者　矢部敬一
発行所　株式会社 創元社
〈本　　社〉〒541-0047 大阪市中央区淡路町4-3-6
Tel.06-6231-9010㈹　Fax.06-6233-3111
〈東京支店〉〒162-0825 東京都新宿区神楽坂4-3 煉瓦塔ビル
Tel.03-3269-1051㈹
〈ホームページ〉http://www.sogensha.co.jp/
印　刷　株式会社 太洋社

ISBN978-4-422-20288-4 C3022